INTERPARTES 8

Studien zur Dolmetschwissenschaft

Hrsg. von Prof. Dr. Dörte Andres,
Mainz/Germersheim

Anke Köllmann

Dolmetschen im psychotherapeutischen Setting

Eindrücke aus der Praxis

Martin Meidenbauer »

Anke Köllmann, Jahrgang 1986, hat an der Johannes Gutenberg-Universität Mainz/FTSK Germersheim studiert und ist Konferenzdolmetscherin und Übersetzerin für die Sprachen Deutsch, Englisch und Französisch.

Bibliografische Information der Deutschen Nationalbibliothek
Die Deutsche Nationalbibliothek verzeichnet diese Publikation in der Deutschen Nationalbibliografie; detaillierte bibliografische Daten sind im Internet über http://dnb.d-nb.de abrufbar.

© 2011 Martin Meidenbauer Verlagsbuchhandlung, München

Umschlagabbildung: © Anke Köllmann

Printed in Germany

Gedruckt auf chlorfrei gebleichtem, säurefreiem und alterungsbeständigem Papier (ISO 9706)

ISBN 978-3-89975-271-7
Verlagsverzeichnis schickt gern:
Martin Meidenbauer Verlagsbuchhandlung
Schwanthalerstr. 81
D-80336 München
www.m-verlag.net

1	**Einleitung**	7
2	**Psychotherapie mit Dolmetscher**	9
2.1	**Flucht, Migration und interkulturelle Therapie**	9
2.2	**Einführung in die Psychotherapie**	14
2.3	**Die Bedeutung von Sprache im therapeutischen Kontext**	18
2.4	**Dolmetschen im psychotherapeutischen Setting**	20
2.4.1	Allgemeines zum Dolmetschen im psychotherapeutischen Setting	20
2.4.2	Therapie mit Dolmetscher in Deutschland und im Ausland	24
3	**Eindrücke aus der Praxis**	27
3.1	**Hintergrundinformationen zu den erhobenen Daten**	28
3.1.1	Auswahl der Interviewpartner	28
3.1.2	Datenerhebung, -auswertung und -interpretation	28
3.1.3	Vorstellung der Interviewpartner	31
3.2	**Therapeuteninterviews**	32
3.2.1	Hintergrund und Vorbereitung	32
3.2.2	Beziehung zwischen Therapeut und Dolmetscher	34
3.2.3	Rolle und psychische Belastung des Dolmetschers	36
3.2.4	Zusammenarbeit in der Therapie	44
3.2.5	Vorteile, Nachteile und Konfliktpotential	49
3.2.6	Optimierungsmöglichkeiten und Fazit	52
3.2.7	Zusammenfassung	54

3.3 Dolmetscherinterviews   55

3.3.1 Hintergrund und Einstieg ins psychotherapeutische Setting   55
3.3.2 Zusammenarbeit in der Therapie   60
3.3.3 Rolle und psychische Belastung des Dolmetschers   62
3.3.4 Fazit   67
3.3.5 Zusammenfassung   70

3.4 Patienteninterviews   70

3.4.1 Hintergrund, Vorerfahrungen und Ansprüche an den
      Dolmetscher   70
3.4.2 Zusammenarbeit in der Therapie   74
3.4.3 Zusammenfassung   77

4   Schlussbetrachtungen   79

Bibliografie   83

Anhang   93

a)   Leitfaden zur Befragung der Therapeuten/innen   93
b)   Leitfaden zur Befragung der Dolmetscher/innen   95
c)   Leitfaden zur Befragung der Patienten/innen   97
d)   Transkript des Interviews mit T1   99
e)   Transkript des Interviews mit T2   114
f)   Transkript des Interviews mit D1   123
g)   Transkript des Interviews mit D2   130
h)   Transkript des Interviews mit P1   139
i)   Transkript des Interviews mit P2   144

1 Einleitung

Menschen aus anderen Ländern erweitern zunehmend das kulturelle und sprachliche Spektrum (...) in [psychotherapeutischen und] psychiatrischen Einrichtungen. (...) Missverständnisse erfolgen aus sprachlichen und kulturellen Gründen und erschweren Diagnose wie Therapie. Sie führen zu Unsicherheiten und Vertrauensvorbehalten und können zur unüberbrückbaren *Hürde*[1] in (...) therapeutischen Prozessen werden. (Salman 2001: 169)

In der psychologischen wie in der psychiatrischen Fachliteratur hat man sich bereits ausführlicher mit der Frage beschäftigt, welche Schwierigkeiten und Möglichkeiten sich durch den Einsatz von Dolmetschern[2] im therapeutischen Setting ergeben können. Auch gibt es – zum Teil von Seiten erfahrener Praktiker, zum Teil von spezialisierten Einrichtungen – mehr oder weniger umfangreiche Sammlungen von Hinweisen und Empfehlungen in Bezug darauf, wie eine Therapie mit Dolmetscher gestaltet werden kann und/oder sollte. Wie diese dann aber in letzter Instanz wirklich aussieht, liegt in den Händen der entsprechenden Einrichtung und des betreuenden Therapeuten sowie an dem hinzugezogenen Dolmetscher und dem zu behandelnden Patienten. Diesem Phänomen wurde in der Literatur bisher allerdings nur vereinzelt – und auch dann eher oberflächlich – Aufmerksamkeit geschenkt (vgl. z. B. Haenel 1997: 137ff., Tosic-Memarzadeh et al. 2003: 20f.). Ziel der vorliegenden Untersuchung ist es darum, einen Einblick in unterschiedliche therapeutische Dreiecksbeziehungen zu gewinnen und herauszufinden, inwiefern die Therapiesituation zu dritt von den Beteiligten und ihrem individuellen Hintergrund und Erfahrungshorizont beeinflusst wird. Des Weiteren soll überprüft werden, inwieweit die Herangehensweise des Therapeuten an die dolmetschgestützte Therapie die eigene Rollenkonzeption des Dolmetschers sowie das Verhalten des Patienten gegenüber dem Dolmetscher beeinflusst. Zu diesem Zweck hat die Autorin im Vorfeld die Beteiligten von zwei ,therapeutischen Trios', jeweils bestehend aus Therapeut, Dolmetscher und Patient, in Einzelinterviews zu ihrer Meinung zur und ihren Erfahrungen mit der dolmetschgestützten Psychotherapie befragt. Aufgrund der überschaubaren Zahl der Interviewpartner sind die so gewonnenen Erkenntnisse, welche in Kapitel 3 vorgestellt werden, natürlich nicht geeignet, um daraus Hypothesen mit dem Anspruch auf

---

[1] Hervorhebung im Original.
[2] Der einfacheren Lesbarkeit halber wird im Folgenden bei Personenbezeichnungen durchgehend das generische Maskulinum verwendet. Dieses ist als inkludierend zu verstehen.

Allgemeingültigkeit abzuleiten. Es soll vielmehr darum gehen, exemplarisch aufzuzeigen, welche möglichen Faktoren sich auf eine therapeutische Triade auswirken können, um so einen Anreiz zu schaffen, sich diesem hochkomplexen Thema in Zukunft weniger einseitig zu nähern, als es bisher häufig der Fall gewesen ist – wurde die dolmetschgestützte Therapie mit all ihren Chancen und Schwierigkeiten bis dato doch fast ausschließlich aus der Perspektive der Behandelnden geschildert.

Zum Einstieg liefert Kapitel 2 zunächst einige Hintergrundinformationen zur Psychotherapie, zu den Herausforderungen, die mit einer interkulturellen Therapie einhergehen, sowie zur dolmetschgestützten Therapie im Allgemeinen. Kapitel 3 enthält neben den Angaben zur Datenerhebung, -auswertung und -interpretation die Ergebnisse der Interviews mit Therapeuten, Dolmetschern und Patienten. Diese werden zwar grundsätzlich getrennt voneinander vorgestellt, aber an geeigneter Stelle durchaus zueinander in Bezug gesetzt. Dabei finden sich hinsichtlich der jeweils behandelten Aspekte in jedem Unterkapitel sowohl Empfehlungen und Beschreibungen aus der Literatur als auch die thematisch passenden Äußerungen der Interviewpartner. So sollen die Aussagen der Befragten auf ihre Einzigartigkeit hin beleuchtet, nicht aber bezüglich ihrer Qualität beurteilt werden. In Kapitel 4 werden schließlich einige abschließende Überlegungen präsentiert.

2 Psychotherapie mit Dolmetscher

2.1 Flucht, Migration und interkulturelle Therapie

Das Phänomen der Migration ist so alt wie die Menschheit selbst. Dabei ist zu unterscheiden, ob es sich um freiwillige oder um erzwungene Migration, also Flucht, handelt – wobei die Grenze zwischen diesen beiden Formen nicht immer eindeutig gezogen werden kann. Wird entschieden, trotz eines ohnehin schon gehobenen Lebensstandards umzuziehen, weil ein anderes Land noch bessere Möglichkeiten bietet, so kann man sicherlich von freiwilliger Migration sprechen. Muss man ein Land verlassen, weil man als Dissident oder aufgrund einer – vielleicht auch nur vermeintlichen – Straftat dazu gezwungen wird, ist der Charakter der Migration ebenfalls eindeutig. Verlässt man sein Heimatland aber, da man dort kaum noch wirtschaftliche Chancen sieht und/oder sich vor Gewalt und/oder politisch, religiös oder ethnisch motivierter Verfolgung in Sicherheit bringen möchte, so entscheidet man sich zwar selbst zur Migration, hat aber häufig aufgrund der Situation vor Ort kaum eine andere Wahl. Hier verwischt die Grenze zwischen freiwilliger und unfreiwilliger Migration (vgl. Groß/Bock 1988: 13f.). Dass Migration aber allgemein als Stresssituation verstanden werden kann, die für den Betroffenen zu einer mehr oder weniger starken Belastung wird, ist bekannt (vgl. Leyer 1988: 101). Wie stark die Belastung letztlich ausfällt, hängt zum einen von den Erfahrungen des Einzelnen vor, während und nach der Migration ab sowie zum anderen von der individuellen Verarbeitung des Erlebten. Auf Haft, Verfolgung, Krieg und Folter im Heimatland folgt nicht selten eine langwierige Flucht über viele Umwege, in deren Verlauf sich der Einzelne erneut in traumatisierenden Situationen wiederfindet. Im Zielland erwarten ihn häufig ein ungesicherter Aufenthaltsstatus, eine gänzlich andere Kultur und schwierige Lebensbedingungen. In der Heimat erlebte Hilflosigkeit und mangelnde Kontrolle über das eigene Schicksal können sich aufgrund von sozialer und wirtschaftlicher Abhängigkeit, erneuter Trennung von nahestehenden Personen und einer schwierigen Beschäftigungssituation wiederholen (vgl. Abdallah-Steinkopff 1999: 1, Moser 2007: 531f.). Zu materiellen Sorgen, einer ungewissen Zukunft und der nicht seltenen Ablehnung durch die Bevölkerung des Aufnahmelandes kommen der Verlust des tragenden sozialen Netzwerks in der Heimat sowie die Gefahr, die eigene Identität entweder zu verlieren oder sich zu ihrer Verteidigung von der Aufnahmegesellschaft zu isolieren hinzu (vgl. Groß/Bock 1988: 16ff.). Groß und Bock weisen darauf hin, dass der

Verlust von Identität und sozialen Beziehungen (...) nicht nur Merkmal von sozialer Entwurzelung im Sinne der Migration, sondern – mit erlaubter Verallgemeinerung – von fast allen seelischen Krisen und Krankheiten [ist]. (Groß/Bock 1988: 18)

Die Belastung durch die Migrationserfahrung kann sich also in einer Reihe von psychischen wie psychosomatischen Leiden manifestieren (vgl. Wedam 2009: 186). Das Auftreten von gesundheitlichen Problemen – unabhängig von deren Art – geht für Migranten und Flüchtlinge mit einer zusätzlichen psychischen Belastung einher, da Gesundheit die Voraussetzung für ihr „Überleben in der Migration" (Bühlmann/Stauffer 2007: 278) ist. Im Falle einer Erkrankung kann plötzlich die gesamte Existenz im Aufnahmeland in Frage gestellt werden, da diese häufig dazu führt, dass der Erkrankte als Ernährer und/oder für die Betreuung der von ihm abhängigen Familienangehörigen ausfällt. Dadurch, dass der Betroffene sich darüber hinaus in einem ihm fremden Gesundheitssystem zurechtfinden muss, wird die Belastung noch verstärkt (vgl. Bühlmann/Stauffer 2007: 278). Außerdem wird geschätzt, dass etwa ein Drittel derjenigen, die als Flüchtlinge in westliche Länder kommen, Folter erlitten hat (vgl. Moser 2007: 538) und insgesamt etwa 40 % der Asylsuchenden traumatisiert sind (vgl. Loos 2008: 7). Es verwundert daher nicht, dass Migranten und Flüchtlinge einen sehr viel höheren Bedarf an psychotherapeutischer und psychiatrischer Hilfe haben als die Bevölkerung des Aufnahmelandes; die häufigsten psychischen Krankheiten sind dabei Suchtverhalten, Depressionen, psychosomatische Erkrankungen und posttraumatische Belastungsstörungen (vgl. Wedam 2009: 186).

Allerdings geht einer professionellen psychotherapeutischen oder psychiatrischen Betreuung von Migranten und Flüchtlingen in vielen Fällen ein langer Leidensweg durch eine ganze Reihe von Arztpraxen voraus. Aufgrund der Sprachbarriere wird häufig die Verabreichung von Psychopharmaka gegenüber anderen Therapieformen bevorzugt (vgl. Loos 2008: 7). Außerdem sind Begriffe wie *Psychologie* und *Psychiatrie* in vielen Kulturen unbekannt oder stark stigmatisiert. Da sie mit den Konzepten, die sich in der westlichen Hemisphäre hinter diesen Termini verbergen, nicht vertraut sind oder befürchten, als verrückt zu gelten, schrecken Patienten aus solchen Kulturkreisen oft davor zurück, sich an die entsprechenden Fachärzte zu wenden (vgl. Miller et al. 2005: 31). In diesen Fällen ist es nicht selten der Loyalität des Patienten gegenüber seinem Haus- oder einem anderen Arzt geschuldet, dass eine entsprechende Behandlung überhaupt zustande kommt. So beginnen beispielsweise Patienten türkischer, asiatischer oder südamerikanischer Herkunft in den

USA eine Therapie oft eher, weil sie dem überweisenden Arzt einen Gefallen tun möchten, als aus dem Grund, dass sie selbst ihre Probleme als psychologisch begründet ansehen oder die Therapie für eine adäquate Behandlung halten (vgl. Mirdal 1988: 329). Es kann auch sein, dass sich der Patient zusätzlich zur Therapie noch an einen traditionellen Heiler aus seinem Kulturkreis wendet, welcher die Beschwerden mit bestimmten Ritualen zu bekämpfen versucht – was für den Behandelnden westlicher Mentalität sicherlich nicht immer leicht zu akzeptieren ist (vgl. Spiewak 2010: 37). Zur Situation in Deutschland lässt sich ergänzen, dass von der Überweisung des Patienten an einen geeigneten Therapeuten bis zum Therapiebeginn zwei bis drei Jahre vergehen können, da die Bedürfnisse von Migranten und Flüchtlingen im deutschen Gesundheitssystem eklatant vernachlässigt wurden und werden. Dabei mangelt es weniger an muttersprachlichen Therapeuten, die eine Praxis eröffnen möchten, als vielmehr daran, dass vor allem in Großstädten der Statistik nach häufig ein Überangebot an Therapeuten existiert. Aus diesem Grund wird muttersprachlichen Therapeuten oft die Kassenzulassung verweigert, wobei nicht beachtet wird, dass sie gerade für die Menschen eine Anlaufstelle wären, die das bestehende Angebot meist schon aus sprachlichen Gründen nicht nutzen können (vgl. Spiewak 2010: 37f.).

Kommt es schließlich zu einer Zusammenarbeit, so stellt sich nicht nur das Problem der sprachlichen Verständigung[3], sondern auch jenes der unterschiedlichen kulturellen Referenzsysteme von Patient und Therapeut: Wie man denkt, fühlt, wahrnimmt und sich ausdrückt, aber auch die Art und Weise, wie Ereignisse erlebt und verarbeitet werden, wird ganz entscheidend davon beeinflusst, aus welchem kulturellen und sozialen Umfeld eine Person kommt. Auch die zu erwartende oder tatsächliche – ebenfalls kulturell geprägte – Reaktion nahestehender Menschen wirkt sich direkt darauf aus, wie der Einzelne mit belastenden Situationen und ihren Auswirkungen umgeht (vgl. Gurris/Wenk-Ansohn 2009: 484, Gutteta 2002: 32). Dabei ist der kulturelle Einfluss auf Gefühle wie Angst, Wut, Scham und Schuld besonders groß (vgl. Abdallah-Steinkopff 1999: 6). Deshalb kann es beispielsweise sein, dass ein Erlebnis aufgrund kultureller Wertmaßstäbe grundsätzlich verschwiegen wird, wie Wenk-Ansohn aus ihrer Arbeit mit kurdischen Muslimas berichtet: In deren Kulturkreis definiert sich die Familienehre sowohl über die Reinheit der Frau als auch über die Fähigkeit des Mannes, die Frauen in seiner Familie vor der Verletzung ihrer Reinheit zu schützen. Wird eine Frau vergewaltigt, gilt die

---

[3] Zur Bedeutung der Sprache im therapeutischen Kontext siehe Kapitel 2.3 und 2.4.

Familie als doppelt entehrt, da die Frau in den Augen der Gesellschaft nicht mehr rein ist und der Mann zu schwach, um sie vor Gewalt durch Dritte zu schützen. Traditionell wurden vergewaltigte Frauen daher verstoßen, um die Ehre der Familie wieder herzustellen; diese Reaktion des sozialen Umfelds lässt sich – öffentlichen Appellen zur Solidarität mit den Betroffenen zum Trotz – durchaus auch heute noch beobachten. Um der Gefahr gesellschaftlicher Ächtung zu entgehen, sind vergewaltigte Frauen oft gezwungen, die Gewalt, die sie erfahren mussten, zu verschweigen und die Symptome ihres Leidens zu verbergen, um keinen Hinweis auf deren Ursachen zu geben. In diesen Fällen ist physischer Schmerz[4] das einzige Symptom, welches gesellschaftlich akzeptiert und nicht hinterfragt wird (vgl. Wenk-Ansohn 2002: 57ff.). Deshalb verdienen sowohl der soziale als auch der kulturelle Hintergrund von Migranten und Flüchtlingen nicht zuletzt auch bei der internistischen Behandlung große Aufmerksamkeit (vgl. Leyer 1988: 99).

Der soziokulturelle Hintergrund eines Patienten ist umso wichtiger, als nicht überall das westlich-rationale Verständnis vorherrscht, welches Körper und Seele als voneinander getrennt betrachtet. Der östlichen Mentalität nach – und nicht nur dort – ist der Körper als Ganzes zu sehen, in wieder anderen Kulturen ist es üblich, Geister oder Götter heranzuziehen, um Krankheiten zu verstehen und zu erklären (vgl. Haasen 2007: 490). Kommt der Patient aus einem Kulturkreis, in dem der ganze Körper als Einheit gesehen wird, so mag die Schilderung seiner Symptome auf einen westlich orientierten Mediziner diffus und undifferenziert wirken. Daraus zu schließen, dass der Patient aufgrund seiner intellektuellen oder sprachlichen Kapazitäten nicht zu einer genaueren Beschreibung fähig ist, wäre fatal. Schließlich sind seine Schilderungen auf ein Krankheitskonzept zurückzuführen, bei dem nie nur ein Körperteil erkrankt, sondern immer der ganze Körper betroffen ist – wodurch dem Patienten eine lokale Präzisierung seines Leidens nach westlichem Verständnis unmöglich ist. Auch eine tiefe Religiosität und der Glaube an Wunder, welche zur Erklärung von ansonsten Unerklärlichem herangezogen werden, können zur Folge haben, dass ein Patient seine Ausführungen anders gestaltet, als ein westlicher Schulmediziner es vielleicht erwartet. Ist der Behandelnde nicht mit den kulturellen Zusammenhängen vertraut, können die Ausführungen des Patienten mitunter sehr befremdlich auf ihn wirken. Gleiches gilt für eine symbolische oder metaphorische Umschreibung der Beschwer-

---

[4] Auch dann, wenn Worte nicht ausreichen, um schmerzhafte Erfahrungen – wie beispielsweise Folter – auszudrücken, ist eine Somatisierung psychischer Leiden nicht selten (vgl. Moser 2007: 534).

den (vgl. Gutteta 2002: 35f., Egger/Wedam 2003: 84). Dabei sind die Schilderungen, die aus westlicher Sicht übertrieben oder unglaubwürdig klingen mögen, voller wertvoller Hinweise, die sinnvoll genutzt werden können, wenn sie erst in die behandelnde Kultur *übersetzt* worden sind (vgl. Gutteta 2002: 42).

Neben dem Inhalt kann den Behandelnden auch die Art und Weise erstaunen oder verwirren, wie der Patient selbigen vermittelt. Es ist beispielsweise in vielen Kulturen Afrikas und Asiens unüblich, ein persönliches Problem direkt anzusprechen und Mitmenschen damit zu belasten. Das kann aus westlicher Sicht wirken, als antworte der Patient evasiv. Wird das Problem schließlich doch angesprochen, kann es durchaus sein, dass der Patient es banalisiert oder bei der Schilderung besonders grausamer Ereignisse lächelt, um die beschriebenen Geschehnisse für den Zuhörer erträglicher zu machen. Auch ein nicht erwiderter Augenkontakt kann in einer westlich geprägten Kultur auf Unverständnis stoßen, wird ein direkter Blick in die Augen des Gegenübers dort doch zur Kontaktaufnahme verwendet und darüber hinaus als Zeichen von Aufrichtigkeit verstanden. Dem steht das in vielen afrikanischen und asiatischen Kulturen vorherrschende Verständnis gegenüber, dass die Vermeidung von Blickkontakt ein Zeichen des Respekts gegenüber dem Gesprächspartner ist (vgl. Abdallah-Steinkopff 1999: 6, Gutteta 2002: 33ff.). Für einen Therapeuten, in dessen Ausbildung die Vermittlung interkulturellen Wissens für gewöhnlich kaum eine Rolle spielt, kann es schwer sein, sich diese ihm fremde Welt zu erschließen (vgl. Spiewak 2010: 37).

Wird dem sozialen und kulturellen Hintergrund eines Patienten nicht ausreichend Rechnung getragen, besteht unweigerlich das Risiko einer Fehldiagnose und damit auch einer falschen Behandlung (vgl. Haasen 2007: 501). Psychologische Modelle, die in westlich geprägten Kulturen gültig sind, können nicht eins zu eins in andere Kulturkreise übertragen werden. Daher steht auch der Behandelnde vor der Herausforderung, sich sowohl seinen eigenen kulturellen Hintergrund und die damit einhergehende Prägung bewusst zu machen und über selbige zu reflektieren als auch offen für neue Blickwinkel zu sein (vgl. Gurris/Wenk-Ansohn 2009: 484f.). Schließlich hängt die Beurteilung des Verhaltens eines Patienten als *normal* oder *pathologisch* nicht zuletzt auch davon ab, welcher Kultur der Beurteilende selbst entstammt (vgl. Haasen 2007: 488). Geht es schließlich um die konkrete Therapieplanung, so sollte sie auch der soziokulturellen Prägung des Patienten Rechnung tragen (vgl. Gurris/Wenk-Ansohn 2009: 485).

2.2 Einführung in die Psychotherapie

In der direkten Übersetzung bedeutet der Begriff *Psychotherapie* ‚Behandlung von seelischen Problemen' beziehungsweise ‚Behandlung der Seele'. Eine Psychotherapie kann sowohl bei psychischen Störungen (z. B. Ängsten, Depressionen, Essstörungen, Süchten, Zwängen) als auch bei psychosomatischen Störungen angewendet werden. Im Gegensatz zur Psychiatrie, in der psychische Probleme mit Hilfe von Psychopharmaka behandelt werden (vgl. VPP), ist die Psychotherapie zu definieren als

bewusster und geplanter interaktionaler Prozess zur Beeinflussung von Verhaltensstörungen und Leidenszuständen, (…) mit psychologischen Mitteln (durch Kommunikation) meist verbal, aber auch averbal, in Richtung auf ein definiertes (…) Ziel (Symptomminimalisierung und/oder Strukturänderung der Persönlichkeit) mittels lehrbarer Techniken auf der Basis einer Theorie des normalen und pathologischen Verhaltens. In der Regel ist dazu eine tragfähige emotionale Bindung notwendig. (Strotzka, zit. nach Wittchen/Hoyer 2006a: 4)

Somit ist die Psychotherapie fachlich als wichtiger „Teil des interventionsbezogenen Aufgabenkatalogs der Klinischen Psychologie[5]" (Wittchen/Hoyer 2006a: 4) einzuordnen. Es gibt unterschiedliche Formen der Durchführung einer Psychotherapie: Diese kann nicht nur von niedergelassenen Therapeuten, sondern zum Beispiel auch von interdisziplinär arbeitenden oder sozialpsychiatrischen Krisenteams angeboten werden, welche Patienten außerhalb einer Einrichtung betreuen, auch eine Durchführung in Spezialambulanzen mit psychologischem oder psychiatrischem Fachpersonal ist möglich. Neben der ambulanten Therapie gibt es die Möglichkeit, stationär oder in einer Tagesklinik mit dem Patienten zu arbeiten. Je nach Fall wird man entscheiden, ob sich eine Einzel-, Gruppen- oder Familientherapie oder eine ergänzende Kombination aus mehreren Formen anbietet (vgl. Wittchen et al. 2006: 415ff.).

Darüber hinaus gibt es mehrere unterschiedliche psychotherapeutische Ansätze, die auf verschiedene Ergebnisse abzielen. Diese Ansätze lassen sich

---

[5] Diese ist ein
Teilgebiet der Psychologie, das sich in Forschung und Praxis mit der Entstehung (…), Beschreibung und Feststellung (…), Beeinflussung und Heilung (…) und Vorbeugung von Störungen des Erlebens und Verhaltens befasst. (…) Für die Praxis bemüht sich die K.P. um die Erstellung wissenschaftlicher Klassifikationssysteme zur Erfassung solcher Störungen und die Entwicklung verbesserter diagnostischer Tests (…) und therapeutischer Verfahren (Gesprächs-, Verhaltens-, Kommunikationstherapie). (Meyers Lexikonredaktion 1996: 203f.)

in die folgenden vier Kategorien einteilen: *Humanistische Therapieverfahren* werden weniger zur Behandlung psychischer Störungen und Probleme genutzt als vielmehr dazu, psychisch gesunde Menschen bei ihrer Selbstverwirklichung und in ihrem persönlichen Wachstum unterstützen. Ziel einer *Verhaltenstherapie* ist es zunächst, dem Patienten aufzuzeigen, auf welche seiner Denkstile, Gewohnheiten und Verhaltensweisen seine psychischen Probleme zurückzuführen sind, um ihm in einem zweiten Schritt dabei zu helfen, diese mittels praktischer und kognitiver Verhaltensübungen zu ändern. Im Rahmen einer *tiefenpsychologischen/psychoanalytischen* oder *psychodynamischen Therapie* versucht der Therapeut, die grundlegenden, schon lange im Unterbewusstsein verankerten Ursachen psychischer Probleme aufzudecken, und dem Patienten vor Augen zu führen, inwiefern gegenwärtige Emotionen und Beziehungen durch vergangene beeinflusst werden. Bei der *unterstützenden Therapie* und *Kriseninterventionen* ist der Therapeut in erster Linie Gesprächspartner, dem der Patient seine Emotionen anvertrauen kann. Hierbei stehen vor allem aktuelle Bewältigungs- und Lebensprobleme im Mittelpunkt. Obwohl die Wahl der am besten geeigneten Behandlungsform im Idealfall entsprechend der Probleme des einzelnen Patienten getroffen wird, hängt diese in der Realität sehr viel häufiger vom Angebot vor Ort und den Kenntnissen des konsultierten Therapeuten ab. Da Therapeuten meistens nicht nur in einer Therapieform und -richtung qualifiziert sind, kommt es in der Praxis oftmals zu einer Mischform aus unterschiedlichen Methoden[6] (vgl. Wittchen et al. 2006: 420f.). Die jeweils konkret definierten Ziele der Therapie hängen sowohl vom Patienten als auch vom Therapiestadium und der Grundorientierung des Therapeuten ab. Als Beispiele seien hier die Verringerung bzw. Beseitigung des seelischen und/oder körperlichen Leidensdrucks sowie die Veränderung gefährlicher oder belastender emotionaler oder verhaltensbezogener Muster genannt. Darüber hinaus soll dem Patienten durch die Therapie häufig ermöglicht werden, ein neues Selbstwertgefühl und Urteilsvermögen zu entwickeln, um Probleme und Schwierigkeiten im täglichen Leben wieder angehen und bewältigen zu können (vgl. Wittchen et al. 2006: 415). Im Wesentlichen kann man von drei Phasen des therapeutischen Prozesses sprechen: In der ersten muss zunächst eine vertrauensvolle Beziehung zwischen Therapeut und Patient aufgebaut werden; anschließend werden die Probleme des Patienten behandelt, bevor die Therapie im dritten Schritt schließlich abgeschlossen wird (vgl. Brune/Akbayir 2008: 28).

---

[6] Diese Mischform unterschiedlicher Methoden wird auch als *pragmatischer Eklektizismus* bezeichnet (vgl. Wittchen et al. 2006: 420).

Wie bereits erwähnt, ist der Anteil der Traumatisierten unter den Asylsuchenden mit 40 % außerordentlich hoch (vgl. Loos 2008: 7). In diesem Zusammenhang gilt es, folgende Formen von Traumata[7] zu unterscheiden: Neben *akzidentellen Traumata* wie Verkehrsunfällen und Naturkatastrophen gibt es auch *interpersonelle Traumata* wie sexuelle/körperliche Gewalt, Geiselnahmen etc., welche auch als *man made disasters* bezeichnet werden. Beide Formen können sowohl kurzfristig bzw. einmalig (Wirbelsturm, einmaliger sexueller Übergriff) oder auch langfristig bzw. mehrfach (lange andauernde Überschwemmung, wiederholte sexuelle Übergriffe, Kriegserleben, Folter, berufsbedingtes Trauma (z. B. Polizei, Rettungskräfte)) auftreten (vgl. Maercker 2009: 15). Hinsichtlich ihrer Auswirkung auf den Betroffenen gelten *man made disasters* grundsätzlich als verheerender (vgl. Moser 2007: 519). Mögliche Symptome sind Alpträume, Flashbacks, Nervosität und Schlafstörungen (vgl. Frey 2007: 255). Diese können sowohl nur unmittelbar nach der traumatischen Erfahrung auftreten als auch längerfristig anhalten. Im zweiten Fall spricht man von einer Posttraumatischen Belastungsstörung (PTBS) (vgl. Moser 2007: 522ff.). Ein traumatisches Erlebnis führt dazu, dass die Grundannahmen des Betroffenen über sich selbst, die Menschen um ihn herum und die Welt allgemein ihre Gültigkeit verlieren (vgl. Abdallah-Steinkopff 1999: 4). Dies gilt insbesondere im Fall einer Extremtraumatisierung durch Folter, welche auf die völlige Zerstörung der Persönlichkeit des Opfers abzielt und sich dabei neben der angewandten Gewalt der Mittel der Erniedrigung, der Lebensbedrohung und der Willkür bedient. So verliert das Opfer jegliches Grundvertrauen in sich und seine Umwelt sowie in Werte, Normen und soziale Beziehungen. Traumatische Erfahrungen können – unabhängig von ihrer Natur – nie rückgängig gemacht werden. Ziel der Therapie ist deshalb die Integration derselben in die Biografie des Patienten, um ihn so in die Lage zu versetzen, wieder Sinn und Bedeutung in seinem eigenen Leben erkennen zu können (vgl. Moser 2007: 538, Gurris/Wenk-Ansohn 2009: 495).

Dafür ist – unabhängig vom Therapieverfahren – die therapeutische Beziehung zwischen Therapeut und Patient von grundlegender Bedeutung. Auch bei der Behandlung anderer psychischer Leiden ist eine tragfähige therapeutische Beziehung unerlässlich, wenn es darum geht, dem Patienten in der Therapie ein Gefühl von Sicherheit und Akzeptanz zu vermitteln, welches maßgeblich zum Therapieerfolg beiträgt. Von Seiten des Therapeuten ist dafür eine verlässliche und respektvolle Haltung nötig, die sich durch

---

[7] „Mit Trauma kann sowohl eine *Ursache*, das heißt ein Stressor, wie auch eine *Folge*, also die psychisch-emotionale und psychosomatische Reaktion auf einen Stressor bezeichnet werden." (Moser 2007: 519, Hervorhebungen im Original).

Interesse, Empathie und Akzeptanz auszeichnet und den Patienten in die Lage versetzt, sich nicht für seine Emotionen und Probleme zu schämen, sondern diese in der Therapie frei anzusprechen. Durch eine unterstützende Haltung des Therapeuten kann der Patient im Laufe der Zeit auch eigene Stärken und Möglichkeiten entdecken und aktiv mit auf das Therapieziel hinarbeiten. Dabei steht der Therapeut immer vor der Herausforderung, eine Balance zwischen Anteilnahme und Abgrenzung zu finden (vgl. Holm-Hadulla 2005: 97ff., Hoyer/Wittchen 2006: 398). Jedoch können in allen – therapeutischen wie zwischenmenschlichen – Beziehungen die Phänomene der *Übertragung* und der *Gegenübertragung* auftreten. Im therapeutischen Kontext lässt sich *Übertragung* folgendermaßen definieren: „Übertragung ist die Projektion unbewusster Inhalte auf den Behandler" (Jung zit. nach Adam 2006: 69). Die *Gegenübertragung* kann wie folgt beschrieben werden: „Die Gegenübertragung des Therapeuten umfasst die eigenen Projektionen auf den Patienten und seine Reaktion auf dessen Übertragung" (Adam 2006: 73). Diese Phänomene gilt es in Bezug auf die Beziehung zwischen Therapeut und Patient zu beachten (vgl. Gurris/Wenk-Ansohn 2009: 483): Zum einen verraten sie dem Therapeuten viel über den Patienten (vgl. Wittchen et al. 2006: 426), zum anderen können sie aktiv für eine effektivere Therapiegestaltung genutzt werden (vgl. Wedam 2009: 187). Wie die jeweilige therapeutische Beziehung in letzter Instanz aussieht, hängt neben der therapeutischen Haltung vom individuellen Störungsbild des Patienten sowie von Faktoren wie Geschlecht, Alter, soziokultureller Hintergrund und individuelle Sichtweise von Patient und Therapeut ab und ist somit in jeder Besetzung zu einem gewissen Teil einzigartig (vgl. Holm-Hadulla 2005: 101f.).

Mit der intensiven Auseinandersetzung mit den Emotionen und Problemen des Patienten geht für die Helfenden – Therapeuten, Angestellte der behandelnden Einrichtung und Dolmetscher – nachweislich das Risiko einer hohen psychischen Belastung einher[8]. Besonders gilt das für diejenigen, die in der Behandlung von Kriegs- und Folteropfern tätig sind. Dabei setzt sich die Belastung aus zwei Komponenten zusammen: Zum einen erfolgt eine direkte Belastung durch die Exposition gegenüber den Schilderungen der extremtraumatisierten Patienten. Zum anderen erfährt der Helfende eine kumulative Belastung dadurch, dass er langfristig mit immer neuen Extremtraumatisierten arbeitet. Die eigene Hilflosigkeit in Anbetracht der

---

[8] Siehe z. B. die Studie von Birck (2002) an 25 Mitarbeitern des Behandlungszentrums für Folteropfer Berlin e.V. (BZFO) zu Sekundärtraumatisierungen und Burn-outs bei Fachpersonal in der Betreuung von Folteropfern sowie Kapitel 3.2.3 und 3.3.3 der vorliegenden Untersuchung.

enormen menschlichen Destruktivität, der die Patienten ausgesetzt waren, sowie hinsichtlich asylrechtlicher und sozialpolitischer Umstände (drohende Abschiebung etc.), die eine effektive Therapie von vornherein konterkarieren, kann zu Schuldgefühlen, Wut und Trauer, aber auch zu einer Erschütterung des eigenen Welt- und Werteverständnisses führen. Auch eine sekundäre Traumatisierung, deren Symptome denen einer primären ähneln, ist nicht unwahrscheinlich. Dieses Risiko kann jedoch mit Hilfe von Maßnahmen wie beispielsweise fachlicher und emotionaler Unterstützung durch Kollegen, Fortbildungen und Supervision[9] gesenkt werden (vgl. Frey 2007: 255).

2.3 Die Bedeutung von Sprache im therapeutischen Kontext

Da therapeutische Arbeit in erster Linie aus dem „miteinander Sprechen" (Morina 2007: 180) besteht, ist eine psychotherapeutische oder psychiatrische Behandlung ohne sprachliche Kommunikation zwischen Therapeut und Patient unmöglich (vgl. Morina 2007: 180). Betrachtet man die einzelnen Phasen des gesamten diagnostischen Prozesses – von der Aufnahme des Patienten bis hin zur Beurteilung der Behandlung nach deren Ende –, so wird schnell klar, dass die verbale Verständigung zwischen Therapeut und Patient in jeder einzelnen von essentieller Bedeutung ist: Von der Anmeldung des neuen Patienten über das allgemeine Vorgespräch, die Diagnostik – einschließlich Anamnese, Beschreibung der Symptome und bestimmter Tests –, die Therapieplanung und die Durchführung der Behandlung bis hin zur Beurteilung von deren Wirksamkeit während ihres Verlaufs und nach ihrem Abschluss (vgl. Wittchen/Hoyer 2006b: 352) ist eine erfolgreiche Zusammenarbeit ohne ein gegenseitiges Sich-Verstehen nicht möglich. Der sprachliche Ausdruck und das, was nicht ausgesprochen wird, liefern dem Therapeuten wichtige Anhaltspunkte dahingehend, welches Krankheitsbild bei einem Patienten vorliegen könnte (vgl. Ruf/Schauer/Elbert 2008: 11). Das mit defizitärer Kommunikation einhergehende Risiko hinsichtlich einer falschen Diagnose und/oder einer Fehlbehandlung (vgl. Wedam 2009: 184) und daraus resultierender gesteigerter Kosten im Gesundheitswesen (vgl. Weiss/Stuker 1998: 37) ist offensichtlich.

---

[9] Supervision ist die
   Beratung und Beaufsichtigung von Psychotherapeuten während und nach ihrer Ausbildung, bei der konkrete Behandlungsfälle (…) erörtert werden, um methodisch-behandlungstechnische Fehler aufzudecken oder zu klären, inwieweit eigene psychische Konflikte des Therapeuten den Patienten hemmen. (Meyers Lexikonredaktion 1996: 399)

Am deutlichsten zeigt sich dieses Problem, wenn Therapeut und Patient unterschiedliche Sprachen sprechen. Problematisch ist nicht nur, dass in den Fällen, in denen in einer Sprache kommuniziert wird, derer beide in unterschiedlichem Maße mächtig sind, schnell eine ungleiche Machtverteilung entstehen kann (vgl. Brune/Akbayir 2008: 26) – was dem Aufbau einer sicheren, auf Vertrauen basierenden therapeutischen Beziehung, auf deren Bedeutung für den Therapieerfolg bereits eingegangen wurde, eindeutig im Weg steht. Das Machtgefälle wird dadurch, dass der Patient den Ausführungen des Therapeuten aus sprachlichen Gründen nicht in gleichem Maße folgen kann wie ein Muttersprachler, zusätzlich verstärkt (vgl. Wedam 2009: 184). Außerdem wird viel zu häufig unterschätzt, wie außerordentlich schwierig es ist, seinen Emotionen und Empfindungen in einer Fremdsprache Ausdruck zu verleihen. Oftmals ist es nicht möglich, eigene Gefühle eins zu eins in eine andere Sprache zu übertragen, weil dort keine sprachlichen Äquivalente existieren, um die Emotionen genauso auszudrücken wie in der Muttersprache (vgl. Egger/Wedam 2003: 84). Das gilt auch dann, wenn der Patient sich in anderen Situationen – beispielsweise in der Schule oder im Beruf – durchaus adäquat in der Fremdsprache verständlich machen kann (vgl. Westermeyer 1990: 745). Umschreibt der Patient nun gezwungenermaßen seine Emotionen, so verlieren diese dadurch zwangsläufig an Ausdruckskraft – was es dem Therapeuten unmöglich macht, auf den tatsächlichen psychischen Zustand des Patienten zu schließen (vgl. Egger/Wedam 2003: 84, Westermeyer 1990: 745). Hinzu kommt ein weiterer Aspekt: Während sich Kinder ihre Muttersprache eher unbewusst aneignen, erfolgt der Erwerb einer Zweitsprache im Erwachsenenalter sehr viel rationaler, weshalb viele frühere Erinnerungen und Gefühle untrennbar mit der Muttersprache verknüpft bleiben. Somit ist die Möglichkeit der adäquaten Verbalisierung eben dieser Gefühle und Erinnerungen in der „intellektualisierten Zweitsprache" (Haasen 2007: 491) meist nicht gegeben (vgl. Haasen 2007: 491f.). Die Beurteilung des Patienten durch den Behandelnden wird zusätzlich dadurch erschwert, dass der Patient bei Schilderungen in einer für ihn fremden Sprache einen deutlich verflachten Affekt zeigt (vgl. Haasen 2007: 492), welcher sich in verhältnismäßig ausdrucksloser Mimik und Emotionslosigkeit äußert (vgl. Rey 2006: 682). Auch wenn Therapeut und Patient dieselbe Sprache sprechen, ist eine „verbale Repräsentation" (Moser 2007: 518) des Erlebten nicht immer möglich. Dies ist zum Beispiel bei extremen Traumatisierungen, wie sie vor allem durch Folter entstehen, häufig der Fall, da die Erinnerungen in diesen Fällen nicht in Form von Worten, sondern in Form von physischem

Schmerz, grauenhaften Bildern und starken Emotionen gespeichert sind (vgl. Wedam 2009: 194). Es kann beim Patienten unter diesen Umständen auch das Gefühl vorherrschen, seine eigenen Erfahrungen seien zu schrecklich, um sie überhaupt mit jemand anderem zu teilen (vgl. Egger/Wedam 2003: 89). In diesem Fall muss der Patient erst einen Weg finden, das Unfassbare, das ihm angetan wurde, zu verbalisieren. Versucht er schließlich, schmerzhafte Erfahrungen und Emotionen in Worte zu fassen, so können seine Ausführungen inkohärent, lückenhaft, konfus, widersprüchlich oder auch unglaubwürdig wirken; auch ist es nicht ungewöhnlich, dass er seine Erfahrungen rationalisiert, ins Lächerliche zieht oder politisiert (vgl. Moser 2007: 534, Wedam 2009: 194). Dass die Schilderung derartiger Erlebnisse in einer Fremdsprache erst recht nahezu unmöglich ist, erklärt sich von selbst.

2.4 Dolmetschen im psychotherapeutischen Setting

Dieses Kapitel gibt einen kurzen allgemeinen Einblick in den Einsatz von Dolmetschern im psychotherapeutischen Setting. Dessen Details werden anschließend in Kapitel 3 genauer erörtert.

2.4.1 Allgemeines zum Dolmetschen im psychotherapeutischen Setting

Aufgrund der in Kapitel 2.3 angesprochenen Probleme, die daraus resultieren, dass Therapeut und Patient nicht in einer gemeinsamen Muttersprache miteinander kommunizieren können, gilt der Einsatz von qualifizierten Dolmetschern inzwischen im Allgemeinen als unabdingbar, wenn es um eine effektive therapeutische Arbeit mit Migranten und Flüchtlingen geht. So kann nicht nur das Auftreten obengenannter Schwierigkeiten verhindert, sondern zugleich auch dem Patienten das Gefühl vermittelt werden, dass er ernst genommen wird – was sich wiederum positiv auf dessen Mitarbeit im Rahmen der Behandlung auswirkt (vgl. Morina 2007: 180). Die beigezogenen Dolmetscher können entweder die Muttersprache des Therapeuten teilen und die des Patienten erlernt haben oder vice versa (vgl. Mirdal 1988: 328) sowie entweder professionelle (Konferenz-)Dolmetscher oder speziell geschulte Laien sein[10] (vgl. Gurris/Wenk-Ansohn 2009: 486). Gerade in der Therapie mit Migranten und Flüchtlingen werden meist Laien mit eige-

---

[10] Im Folgenden werden alle, die im therapeutischen Setting als Sprachmittler tätig sind, unabhängig vom Grad ihrer Professionalisierung als *Dolmetscher* bezeichnet.

ner Migrationserfahrung eingesetzt, die aber eine entsprechende Schulung[11] durchlaufen haben sollten (vgl. u. a. Morina 2007: 192, 201, Salman 2001: 176, Westermeyer 1990: 746). Vom Einsatz von ad-hoc Dolmetschern wie beispielsweise Reinigungspersonal, welches zufällig die Sprache beider Beteiligten spricht, oder auch Angehörigen eines Patienten, vor allem Kindern, ist dringend abzuraten. In diesen Fällen sind weder die notwendigen sprachlichen und fachlichen Kompetenzen garantiert, noch kann darauf vertraut werden, dass die Schweigepflicht eingehalten und eine möglichst neutrale Vermittlerrolle gewahrt wird. Der Einsatz von Angehörigen zum Zweck der Sprachmittlung kann außerdem dazu führen, dass sich der Patient nicht frei äußert, sei es aus Scham oder um Familienmitglieder zu schützen oder nicht zu belasten; den Dolmetschenden selbst drohen Loyalitätskonflikte. Wird dagegen mit einem qualifizierten – ergo geschulten – Dolmetscher gearbeitet, kann das Vertrauen des Patienten gewonnen und effektiver zusammengearbeitet werden (vgl. Morina 2007: 191f., Salman 2001: 189). Loyalitätskonflikte können aber auch dann entstehen, wenn zwar mit einem geeigneten Dolmetscher gearbeitet wird, aber der Patient von diesem Fürsprache oder anders geartete Unterstützung erwartet, da er in ihm einen Landsmann erkennt. Um den Dolmetscher vor diesen Ansprüchen seitens des Patienten zu schützen, wird empfohlen, dass außerhalb der Sitzungen kein Kontakt zwischen beiden gepflegt werden sollte (vgl. u. a. Sejdijaj et al. 2002: 46f.).

Wird die Therapie mit Dolmetscher begonnen, ist zu beachten, dass dieser keine emotionslose Maschine ist, die einfach nur eine Sprache in eine andere überträgt (vgl. Westermeyer 1990: 748), sondern die Therapiesituation durch seine bloße Anwesenheit ebenso verändert wie durch seine Persönlichkeit (vgl. Gurris/Wenk-Ansohn 2009: 485, Sejdijaj et al. 2002: 46). Durch seine Anwesenheit wird die klassische Dyade in der Therapie zur Triade erweitert, was als störend empfunden werden kann, aber nicht muss (vgl. Stuker 2007: 224f.): Aus Sicht des Therapeuten ist es zunächst ungewohnt, dass ein Dritter dem Therapieprozess beiwohnt, der für gewöhnlich hinter verschlossener Tür stattfindet (vgl. Miller et al. 2005: 33). So kann der Therapeut beispielsweise das Gefühl bekommen, sich vor dem Dolmetscher zu blamieren, wenn die Therapie nicht so verläuft wie erhofft (vgl. Brune/Akbayir 2008: 32). Zugleich wird der Therapeut dadurch, dass er bei seiner Arbeit einen Außenstehenden als Zeugen hat, auch zu einem höheren Maß an Professionalität gezwungen, was nicht nur eine Herausforderung, sondern auch eine Chance sein kann (vgl. Ruf/Schauer/Elbert 2008: 13).

---

[11] Siehe Kapitel 2.4.2 und 3.3.1.

Aus Sicht des Patienten kann das Hinzuziehen eines Dolmetschers einerseits als kränkend empfunden werden, wenn er es als Kritik an seinen Sprachkenntnissen versteht (vgl. Westermeyer 1990: 745). Andererseits kann der Patient den anwesenden Dolmetscher auch als Unterstützung verstehen, und das nicht nur in sprachlicher Hinsicht, sondern auch dann, wenn er aus einem Kulturkreis stammt, in dem es nicht üblich ist, eine wichtige Unterhaltung unter Ausschluss der Öffentlichkeit mit nur einer Person zu führen. Außerdem kann die Anwesenheit des Dolmetschers dazu beitragen, dass sich der Patient dem Therapeuten gegenüber nicht ausgeliefert fühlt (vgl. Morina 2007: 181ff.).

Nicht zu unterschätzen ist die mit dem Dolmetscher einhergehende Veränderung der Machtverhältnisse in der Therapie. In der Therapie zu zweit nimmt der Patient als Hilfesuchender dem Therapeuten als Helfendem gegenüber eine untergeordnete Rolle ein. Kommt nun ein Dolmetscher ins Spiel, so ist er, was seine Macht in der Triade angeht, eigentlich zwischen den beiden anderen Beteiligten einzuordnen (vgl. Mirdal 1988: 330). Zwar ist er aus der Sicht des Patienten ebenfalls ein Helfender, allerdings kann er – anders als der Therapeut – keinen direkten Einfluss auf die Therapiegestaltung nehmen (vgl. Egger/Wedam 2003: 88) und hat im Gegensatz zum Therapeuten meist weder eine Vollzeitstelle noch eine fachliche Ausbildung im therapeutischen Bereich. Dieses Machtverhältnis kehrt sich dann um, wenn es um die sprachlichen und kulturellen Kenntnisse geht, die der Dolmetscher dem Therapeuten voraushat. Gehen beide mit dieser Situation nicht professionell um, kann der Erfolg der ganzen Therapie gefährdet sein (vgl. Mirdal 1988: 330).

Die herkömmliche direkte Kommunikation zwischen Therapeut und Patient wird in der Triade durch eine indirekte, vom Dolmetscher vermittelte, ersetzt. Im Allgemeinen müssen sich die Beteiligten erst an die neue Kommunikationssituation gewöhnen (vgl. Stuker 2007: 224f.). Dabei kann zu dritt durchaus eine ähnliche therapeutische Dynamik erzeugt werden wie mit nur zwei Beteiligten – vorausgesetzt, man versucht nicht, den Dolmetscher auszublenden (vgl. v.d. Lühe 2008: 18). Zunächst ist festzuhalten, dass aufgrund der Tatsache, dass nicht mehr zwei, sondern drei Personen in die therapeutische Arbeit involviert sind, auch die Phänomene der Übertragung und Gegenübertragung enorm an Komplexität gewinnen (vgl. Haenel 2002: 181). Es stellt sich die Frage, ob diese aus der Therapie mit zwei Beteiligten stammenden Termini überhaupt in die Therapie zu dritt übertragen werden können oder ob dort nicht ein umfassenderer Begriff zu ihrer Beschreibung notwendig ist[12] (vgl. Miller et al. 2005: 32). Darüber hinaus wird jede Äußerung, die der Dolmetscher überträgt – mal bewusst, mal unbewusst – in Abhängigkeit von dessen persönlichem Hintergrund und Charakter (vgl. Haenel 1997: 138) sowie den betreffenden Sprachen in gewisser Weise gefiltert und eingefärbt (vgl. Stuker 2007: 226). Dabei ist es aufgrund der Bedeutung des sprachlichen Ausdrucks für die Beurteilung des Patienten erstrebenswert, dass der Dolmetscher seine Verdolmetschung nach Möglichkeit so originalgetreu wie möglich gestaltet, damit dem Therapeuten keine essentiellen Informationen vorenthalten bleiben (vgl. Ruf/Schauer/Elbert 2008: 11). Es darf nicht vergessen werden, dass die für die Verdolmetschung benötigte Zeit die Sitzung verlangsamt bzw. verlängert (vgl. Westermeyer 1990: 749), da im therapeutischen Setting – von einigen wenigen Ausnahmen abgesehen – in der Regel konsekutiv gedolmetscht wird (vgl. v. Törne 2009: 9). Außerhalb der Sitzung benötigt nicht nur der Therapeut die Möglichkeit, emotional belastendes Material verarbeiten zu können, sondern auch der Dolmetscher, der diesem in gleichem Maße ausgesetzt ist (vgl. Miller et al. 2005: 33, Stuker 2007: 232). Als zusätzliche Belastung für den Dolmetscher wird in diesem Kontext häufig gesehen, dass dieser im Grunde auf die eher passive Rolle desjenigen, der die Sprache überträgt, reduziert bleibt und im Idealfall – zumindest rein äußerlich – nicht auf die Vorgänge in der Therapie reagieren sollte. Die aktive Gesprächsführung bleibt dem Therapeuten und dem Patienten vorbehalten (vgl. u. a. Egger-Wedam 2003: 89f., Tosic-Memarzadeh et al. 2003: 28, v. Törne 2009: 7).

Hinsichtlich der oben aufgeführten Überlegungen unterscheidet sich eine Therapie mit Dolmetscher von einer einsprachigen Therapie. Dazu kommt eine Vielzahl von möglichen Schwierigkeiten und Chancen, die in der Therapie zu dritt liegen. Um so effektiv und problemlos wie möglich zusammenarbeiten und so dem Patienten die bestmögliche Behandlung angedeihen lassen zu können, finden sich in der Literatur zahlreiche Berichte, Hinweise und Ratschläge. Diese werden, ebenso wie etwaige Hindernisse und Möglichkeiten bei der dolmetschgestützten Therapie, im Detail in Kapitel 3 behandelt.

---

[12] Miller et al. schlagen hierfür den Ausdruck *„complex emotional reactions"* (Miller et al. 2005: 32, Hervorhebung im Original) vor.

2.4.2 Therapie mit Dolmetscher in Deutschland und im Ausland

Aufgrund der kulturell bedingten Unterschiede im Krankheitsverständnis, des eklatanten Mangels an muttersprachlichen Therapeuten in Deutschland und des unter Flüchtlingen und Migranten häufig mangelnden Wissens, welche Behandlungsmöglichkeiten es im Aufnahmeland gibt[13], sind hierzulande Zentren, die sich auf die Betreuung dieser Zielgruppe spezialisiert haben und diese direkt ansprechen, oftmals deren erste Anlaufstelle (vgl. Loos 2008: 8). Derzeit gehören 25 derartige Einrichtungen der *Bundesweiten Arbeitsgemeinschaft der Psychosozialen Zentren für Flüchtlinge und Folteropfer e.V. (BAfF)* an (vgl. BafF (1)). Meist ist eine Therapie ohne Dolmetscher in diesen Einrichtungen nicht möglich. Deshalb erwartet der Dachverband von seinen Mitarbeitern zum einen

[s]ich selbst bewusst zu machen, dass es einen Unterschied gibt, eine fremde Sprache zu sprechen (im Sinne von Verständigung) und in einer fremden Sprache zu beraten bzw. zu therapieren (BafF (2))

sowie zum anderen zu entscheiden,

wann ein Dolmetscher hinzuzuziehen ist (…) [sowie] die Fähigkeit, mit dem Dolmetscher in einem gegebenen Setting zu arbeiten und die Grenzen dieser Zusammenarbeit richtig einzuschätzen. (BafF (2))

Geht es nun konkret um die dolmetschgestützte Therapie, so stellt sich nicht nur unweigerlich die Frage nach der Finanzierung derselben, sondern auch die nach der Ausbildung der eingesetzten Dolmetscher.
Was das Problem der Finanzierung[14] betrifft, so gibt es mehrere EU-weit geltende Richtlinien, welche die Mitgliedsstaaten dazu verpflichten, Mindeststandards bezüglich der adäquaten medizinischen Versorgung von Asylbewerbern, anerkannten Flüchtlingen und Opfern von Menschenhandel zu gewährleisten. Obwohl gerade im Falle von Traumatisierungen oder anders gearteten psychischen Leiden, welche in dieser Bevölkerungsgruppe besonders häufig sind[15], eine dolmetschgestützte Therapie oftmals der vielversprechendste Behandlungsansatz wäre, wird die Kostenübernahme in Deutschland häufig verweigert (vgl. Classen 2008: 51f.). Theoretisch hat der Patient bei einer stationären Behandlung – beispielsweise in

---

[13] Siehe Kapitel 2.1.

[14] Für mehr Details siehe z. B. Classen (2008) oder Thun (2003).

[15] Siehe Kapitel 2.1.

der Psychiatrie – Anspruch auf die Übernahme der Dolmetscherkosten durch das Krankenhaus. Allerdings wird dieser in der Praxis regelmäßig nicht anerkannt (vgl. Classen 2008: 59). Geht es nun um den ambulanten Bereich, ist festzustellen, dass die Finanzierungsfrage hierzulande noch nicht rechtlich geklärt ist (vgl. Loos 2008: 8); hinsichtlich der Kostenübernahme sind unter anderem Aufenthalts- und Versicherungsstatus des Patienten entscheidend. Hat der Patient eine Duldung – und fällt damit unter das Asylbewerbergesetz (vgl. Classen 2008: 47) –, aber keine Gesetzliche Krankenversicherung (GKV), kommt das Sozialamt in den Fällen für den Dolmetscher auf, in denen es auch die Therapiekosten übernimmt. Ist der Patient dagegen gesetzlich versichert und übernimmt seine Kasse die Kosten für die Therapie, so hat er keinen Rechtsanspruch auf Übernahme der Dolmetscherkosten durch die GKV oder das Sozialamt (vgl. Radtke 2008: 24). Allerdings kann ein Zuschuss oder Darlehen beim Sozialamt beantragt werden, wenn die Bezahlung des Dolmetschers für den Patienten eine zu große finanzielle Belastung darstellt (vgl. Classen 2008: 50) – was meistens der Fall ist. Mitunter verlangen Sozialämter vor Übernahme der Kosten einen Nachweis über eine psychotherapeutische oder medizinische Schulung des Dolmetschers (vgl. Radtke 2008: 24) oder auch eine fachärztliche Begutachtung, die darlegt, warum im jeweiligen Fall unbedingt ein Dolmetscher benötigt wird, nicht auf eine medikamentöse Behandlung zurückgegriffen werden kann und welche Folgen zu erwarten sind, wenn die Behandlung nicht stattfinden sollte (vgl. Classen 2008: 46f.). Einzig die Kosten für Gebärdensprachdolmetscher müssen im Rahmen einer Psychotherapie zwingend von den Krankenkassen übernommen werden (vgl. Thun 2003: 14), ansonsten weigern sich Krankenkassen wie Sozialämter in Deutschland bisher beharrlich, für die Sprachmittlung im therapeutischen Setting zu zahlen. Aus diesem Grund sind niedergelassene Fachärzte häufig gezwungen, den Dolmetscher entweder selbst zu finanzieren oder dem Patienten in Rechnung zu stellen (vgl. Salman 2001: 187). Einrichtungen zur Betreuung von Migranten und Flüchtlingen sind häufig auf Gelder in Form von Spenden, Projektmitteln sowie aus Stiftungen angewiesen, um die Dolmetscherkosten zu decken (vgl. BafF (3)).

Was die Ausbildung der Dolmetscher im psychotherapeutischen Bereich angeht, ist anzumerken, dass es in Deutschland bisher verhältnismäßig wenige geschulte Sprachmittler gibt (vgl. Salman 2001: 171f., Tosic-Memarzadeh et al. 2003: 13). Selten wird mit professionellen (Konferenz-) Dolmetschern gearbeitet, da deren Entlohnung nach dem Zeugen- und Sachverständigengesetz eine große finanzielle Last für die Anbieter der Therapie darstellt (vgl. Salman 2001: 172, Tosic-Memarzadeh et al. 2003:

13). Um nicht auf Angehörige, Reinigungskräfte oder ähnliche ad-hoc Dolmetscher zurückgreifen zu müssen, werden deshalb häufig Migranten und Flüchtlinge aus den entsprechenden Ländern hinzugezogen, welche durch besondere Schulungen auf das Dolmetschen im medizinischen und/ oder therapeutischen Setting vorbereitet werden[16]. Derartige Schulungsangebote gibt es beispielsweise vom *Bayerischen Zentrum für transkulturelle Medizin*, dem *Ethno-Medizinischen Zentrum Hannover* (vgl. Bayzent) oder der *Psychosozialen Beratungsstelle für MigrantenInnen* des DRK Freiburg (vgl. Tosic-Memarzadeh et al. 2003: 13), die außerdem jeweils über einen Dolmetscherpool verfügen, auf den auch andere Interessenten zugreifen können. Allerdings stehen Angebote dieser Art in Deutschland bisher nicht flächendeckend zur Verfügung (vgl. Salman 2001: 172). Auch zu Ausbildungsinhalten und -finanzierung gibt es keine einheitlichen oder verbindlichen Richtlinien. Deshalb haben die entsprechenden Einrichtungen und Institutionen inzwischen vielfach eigene Ausbildungscurricula entworfen. Dass die Umsetzung eines einheitlichen Schulungskonzepts der Schaffung vergleichbarer Qualitätsstandards zuträglicher wäre als der Status quo, erklärt sich von selbst (vgl. Tosic-Memarzadeh et al. 2003: 35f.). Anders ist die Situation in Ländern, in denen Mehrsprachigkeit eher die Regel als die Ausnahme ist und „das »Recht, verstanden zu werden«[17], öffentlich und teilweise juristisch verankert" (Salman 2001: 171) ist und deshalb auch im Gesundheitswesen umgesetzt wird. So gibt es beispielsweise in den Niederlanden und in Kanada äußerst professionelle Standards zur Ausbildung und Qualitätssicherung für Dolmetscher im sozialpsychiatrischen Setting (vgl. Salman 2001: 171); in Schweden ist die Situation ähnlich (vgl. Tosic-Memarzadeh et al. 2003: 13). Dieser Unterschied spiegelt sich auch hinsichtlich der jeweils publizierten Empfehlungen zur Zusammenarbeit mit Dolmetschern wider: In Deutschland stammen diese von Mitarbeitern in Einrichtungen oder Praxen, in denen schon lange gut mit Dolmetschern zusammengearbeitet wird, vereinzelt auch von Dolmetschern selbst. Es gibt aber bisher – zumindest nach Kenntnisstand der Autorin – keine umfangreichen Leitfäden von offizieller Stelle, wie es beispielsweise in Großbritannien oder Australien der Fall ist, wo entsprechende Publikationen von der Psychologenkammer beziehungsweise einer staatlichen Behörde (vgl. The British Psychological Society (2008), Miletic et al. (2006)) verbreitet werden.

---

[16] Zum möglichen Inhalt derartiger Schulungen siehe Kapitel 3.3.1.
[17] Anführungszeichen im Original.

3 Eindrücke aus der Praxis

Einige Grundsätze für die Zusammenarbeit in der Therapie zu dritt werden in der Literatur immer wieder angesprochen. Unterstrichen wird dabei häufig, dass die dolmetschgestützte Therapie nicht nur eine Notlösung sein muss, sondern vielmehr die Chance auf eine effektivere Behandlung bietet und darüber hinaus eine für alle Beteiligten bereichernde positive Erfahrung sein kann, solange dabei einige Grundregeln eingehalten werden (vgl. Abdallah-Steinkopff 1999: 15, Brune/Akbayir 2008: 34, v.d. Lühe 2008: 19). Allerdings hängt die Gestaltung der Therapie, wie eingangs bereits erwähnt, weitaus weniger von den Empfehlungen ab, die es zu diesem Thema gibt, als vielmehr von den beteiligten Personen: vom Therapeuten sowie dessen Umgang und Erfahrung mit der Therapie mit Dolmetscher, vom Dolmetscher, dessen Hintergrund sowie seiner Erfahrung im Dolmetschen einerseits und im psychotherapeutischen Setting andererseits und nicht zuletzt vom jeweiligen Patienten sowie seinem Krankheitsbild und seiner Lebensgeschichte.

Um anhand zweier Beispiele zu illustrieren, wie unterschiedlich die Therapie zu dritt in Abhängigkeit von den Beteiligten aussehen kann, stellt die Autorin in diesem Kapitel die Ergebnisse der Analyse der Interviews vor, welche von ihr mit je zwei Therapeuten, Dolmetschern und Patienten zum Thema *Dolmetschen im psychotherapeutischen Setting* geführt wurden. In Bezug auf jedes behandelte Thema werden sowohl die Empfehlungen und Beschreibungen aus der Literatur als auch die Äußerungen der Befragten zum jeweiligen Thema aufgeführt. Dabei werden die Aussagen der Interviewpartner sowohl miteinander als auch mit den angegebenen Beispielen aus der Literatur verglichen. Hierbei soll es nicht darum gehen, die Antworten der Befragten qualitativ zu beurteilen. Der Fokus liegt vielmehr auf den individuellen Aspekten ihrer jeweiligen Sichtweise. Den Äußerungen der befragten Therapeuten kommt hierbei – im Vergleich zu den Aussagen der anderen Interviewpartner – besonders große Aufmerksamkeit zu, da sie in der Hauptverantwortung stehen, wenn es um die konkrete Therapiegestaltung – ob mit oder ohne Dolmetscher – geht.

3.1 Hintergrundinformationen zu den erhobenen Daten

3.1.1 Auswahl der Interviewpartner

Im Vorfeld der Interviews hat sich die Autorin telefonisch sowie per E-Mail an mehrere Einrichtungen in Deutschland und Österreich gewandt, welche psychotherapeutische Betreuung für Migranten und/oder Flüchtlinge und/oder Folteropfern unter Hinzuziehung von Dolmetschern anbieten. Der Autorin wurde von zwei Einrichtungen die Möglichkeit eingeräumt, je ein Trio (bestehend aus Therapeut, Dolmetscher und Patient) in Form von Einzelinterviews zu befragen. Drei Interviews fanden am 15.10.2010 in einer Einrichtung für Folteropfer (E1) statt, drei am 20.10.2010 in einer Einrichtung für interkulturelle Psychotherapie (E2). In beiden Fällen übernahm jeweils der Therapeut (T1 bzw. T2) sowohl die terminliche Koordination der Treffen als auch die Auswahl der beteiligten Dolmetscher (D1 bzw. D2) und Patienten (P1 bzw. P2), wobei die wichtigsten Auswahlkriterien Bereitschaft zur Teilnahme am Interview und zeitliche Verfügbarkeit waren.

3.1.2 Datenerhebung, -auswertung und -interpretation

Da die „subjektiven Sichtweisen" (Flick 2009: 213) der Interviewten im Mittelpunkt stehen sollten, erfolgte ihre Befragung in Form eines problemzentrierten Interviews, wobei es jeweils einen Interview-Leitfaden für Therapeuten, Dolmetscher und Patienten gab[18]. Alle Leitfäden enthielten sowohl offene als auch geschlossene Fragen; so konnte die Vergleichbarkeit der erhobenen Daten garantiert und gleichzeitig den individuellen Ausführungen der Interviewpartner ausreichend Platz eingeräumt werden. In Anlehnung an die Empfehlungen von Jäger/Reinecke (vgl. Jäger/Reinecke 2009: 42ff.) wurden die Leitfäden in die drei Abschnitte Vorspann, Hauptteil und Abschluss unterteilt: Der Vorspann enthielt die Vorstellung der Autorin und ihrer Absicht, eine Untersuchung zum Thema *Dolmetschen im psychotherapeutischen Setting* durchzuführen. Anschließend wurde zunächst die Erlaubnis der Interviewpartner zur Aufzeichnung des Interviews eingeholt und nachfolgend die vertrauliche, anonymisierte Behandlung der Daten zugesichert. Der Hauptteil enthielt Fragen zur Person sowie

---

[18] Kopien der Leitfäden im Anhang.

- bei den Therapeuten: Fragen hinsichtlich ihrer Erfahrung in der Zusammenarbeit mit Dolmetschern und zur Therapiegestaltung mit Dolmetschern;
- bei den Dolmetschern: Fragen bezüglich ihrer Ausbildung, ihres Einstiegs in das psychotherapeutische Setting, der Zusammenarbeit mit Therapeut und Patient sowie hinsichtlich ihres Selbstverständnisses;
- bei den Patienten: Fragen zur Erfahrung mit Dolmetschern inner- und außerhalb des therapeutischen Settings, zu ihren Ansprüchen an den Dolmetscher in der Therapie sowie zu ihrer Beziehung zu den beiden anderen an der Therapie Beteiligten.

Im abschließenden Teil wurden Therapeuten und Patienten nach allgemeinen Schwierigkeiten in der dolmetschgestützten Therapie befragt und den Interviewten aus allen drei Gruppen die Frage nach einer möglichen Optimierung der Zusammenarbeit gestellt. Darüber hinaus wurde allen Befragten am Ende des Interviews die Möglichkeit eingeräumt nachzutragen, was ihnen in diesem Kontext noch erwähnenswert schien.

Die Interviews mit Therapeuten und Dolmetschern wurden unter vier Augen geführt; bei den Interviews mit den Patienten übernahm der jeweilige Dolmetscher die Sprachmittlung, da aus organisatorischen und finanziellen Gründen nicht die Möglichkeit gegeben war, jeweils einen weiteren Dolmetscher hinzuzuziehen. Um zu verhindern, dass diese – zugegebenermaßen nicht optimale Lösung – zu einer Konfliktsituation für Patient und/oder Dolmetscher wird, beinhaltete der erste Teil des Leitfadens für die Patienten den Hinweis auf die jederzeit gegebene Möglichkeit, die Beantwortung einzelner Fragen ohne weitere Begründung abzulehnen. Dass die Sprachmittlung durch die Dolmetscher erfolgte, die selbst interviewt wurden, hatte aber den großen Vorteil, dass die Autorin sich einen eigenen Eindruck von deren Arbeitsweise machen konnte. Dieser erwies sich in der Retrospektive als wertvolle Ergänzung zu den Äußerungen der befragten Therapeuten, Dolmetscher und Patienten.

Die Interviews wurden ab Beginn des Hauptteils der Fragebögen – also nach Einwilligung der Befragten – mit Hilfe eines digitalen Diktiergeräts aufgezeichnet und anschließend im MP3-Format abgespeichert. Das kürzeste Gespräch dauerte 17:36 Minuten, das längste 43:31 Minuten. Anschließend wurden die Interviews transkribiert[19]. Dabei wurden alle in der Audiodatei enthaltenen Satzbrüche, sprachlichen Fehler und Versprecher

---

[19] Kopien der Transkripte im Anhang.

übernommen, auf Füllwörter ohne semantische Bedeutung wurde dagegen verzichtet. Um die Anonymität der Befragten sicherzustellen, wurden regionaltypische Ausdrücke durch ihre Standardformen ersetzt, ohne dass auf die Ersetzung hingewiesen wurde. Aus dem gleichen Grund wurden Personen-, Orts- und Länderbezeichnungen aus den Transkripten entfernt[20]. Pausen wurden nur markiert[21], wenn diese auffallend lang waren oder an inhaltlich relevant erscheinenden Stellen auftraten. Bei den Patienteninterviews wurden jeweils nur die Fragen der Autorin sowie die vom Dolmetscher übertragenen Äußerungen des Patienten transkribiert, nicht aber die Verdolmetschung der Fragen oder die Antworten im Original. Während des Interviews mit P1 kam es gelegentlich vor, dass D1 bei der Verdolmetschung die erste Person Singular verließ und in der dritten Person Singular über P1 oder aus seiner eigenen Sicht sprach. Diese Stellen sind im Transkript durch *fetten Kursivdruck* gekennzeichnet.

Die Auswertung des Materials erfolgte in Anlehnung an das von Mayring vorgeschlagene Vorgehen zur qualitativen Textanalyse (vgl. Mayring 1988: 49). Die Interviews wurden einer inhaltlichen Strukturierung unterzogen, die darauf abzielte, „bestimmte Themen, Inhalte (…) [und] Aspekte aus dem Material herauszufiltern" (Mayring 1988: 82). Zu diesem Zweck wurde für jede Interviewgruppe[22] ein einheitliches Kategorienschema geschaffen; diese „Formalisierung des Vorgehens" (Flick 2009: 416) diente dazu, eine bessere Vergleichbarkeit der Interviews innerhalb einer Gruppe zu ermöglichen. Die einzelnen Kategorien bezogen sich dabei zum einen auf Punkte des Interviewleitfadens, sowie zum anderen auf Aspekte, die von den Befragten in ihren Antworten auf offene Fragen angesprochen worden waren. Die Äußerungen der Interviewten wurden in die jeweils thematisch passende Kategorie einsortiert und mit dem Verweis auf die entsprechende Textstelle im Interview belegt. Auf dieser Basis wurde schließlich die Interpretation der Interviewdaten in Bezug auf die je nach Interviewgruppe unterschiedlichen behandelten Themen vorgenommen. Die Ergebnisse finden sich in den Kapiteln 3.2, 3.3 und 3.4.

---

[20] (XXX) im Transkript.
[21] (__) im Transkript.
[22] Gruppe 1: Therapeuten; Gruppe 2: Dolmetscher; Gruppe 3: Patienten.

3.1.3 Vorstellung der Interviewpartner

In diesem Unterkapitel werden alle sechs Befragten[23] kurz vorgestellt. Die Angaben basieren auf den Antworten der Interviewpartner auf die entsprechenden Fragen zu Beginn des Interviews.

T1 ist deutscher Muttersprachler und seit Abschluss seiner Ausbildung vor etwa eineinhalb Jahren bei E1 als Psychotherapeut tätig. Zuvor hat er sporadisch im Flüchtlingsbereich gearbeitet, allerdings nie unter Einbeziehung von Dolmetschern. Mit dolmetschgestützten Therapiesitzungen hatte er zum ersten Mal bei E1 zu tun.

T2s Muttersprache ist ebenfalls Deutsch, er ist seit 22 Jahren als freiberuflicher Psychoanalytiker für E2 tätig. Im therapeutischen Bereich arbeitet er seit acht Jahren mit Dolmetschern zusammen; darüber hinaus hat er sich mit dem Thema bereits anderweitig umfassend auseinandergesetzt.

D1 stammt aus Iran, wo er auch aufgewachsen ist. Als politischer Aktivist mit Foltererfahrung kam er vor 20 Jahren als Asylbewerber in den deutschsprachigen Teil Mitteleuropas. Der ausgebildete Sozialpädagoge arbeitet seit sieben bis acht Jahren nebenberuflich als Dolmetscher für Deutsch, Farsi/Dari[24], Kurdisch und Sorani[25] in E1. Hauptsächlich ist er in seinem ursprünglichen Beruf an einer Schule tätig.

D2 hat Deutsch als Muttersprache und Übersetzen und Dolmetschen für Französisch und Russisch studiert. Seit etwas mehr als zweieinhalb Jahren dolmetscht er im psychotherapeutischen Setting für E2. Des Weiteren arbeitet er als Dolmetscher im Flüchtlings- sowie im gerichtlichen Bereich und hat außerdem eine Teilzeitstelle im Dienstleistungssektor.

P1 ist Iraner und zum Zeitpunkt des Interviews seit etwa zehn Monaten im deutschsprachigen Teil Mitteleuropas. Das psychotherapeutische Angebot von E1 nimmt er seit circa sechs Monaten in Anspruch. In den Therapiesitzungen spricht er seine Muttersprache Farsi. Die Kommunikation mit T1 wird durch die Verdolmetschung von D1 ermöglicht.

---

[23] Um die Anonymität zu wahren werden alle Interviewpartner im Folgenden – unabhängig von ihrem tatsächlichen Geschlecht – in der männlichen Form genannt. Aus dem gleichen Grund werden Deutschland und Österreich gemeinsam unter der Bezeichnung *deutschsprachiger Teil Mitteleuropas* geführt.

[24] Die „neupersische Sprache [ist] Amtssprache in Iran (dort Farsi genannt) und (…) in Afghanistan (dort Dari genannt)" (Bibliographisches Institut & F. A. Brockhaus AG (1)).

[25] „Sorani (auch als Zentral- oder Mittelkurdisch bezeichnet) ist ein in Iran und Irak gesprochener und in arabischer Schrift geschriebener Dialekt der kurdischen Sprache" (Bibliographisches Institut & F. A. Brockhaus AG (2)).

P2 kommt aus Aserbaidschan und ist zum Zeitpunkt des Interviews seit fast einem Jahr im deutschsprachigen Teil Mitteleuropas, seit ungefähr zehn Monaten ist er Patient in E2. In den Sitzungen verdolmetscht D2 die Äußerungen von P2 nicht aus dessen Muttersprache Aserbaidschanisch ins Deutsche und umgekehrt, sondern aus dessen erster Fremdsprache Russisch.

3.2 Therapeuteninterviews

3.2.1 Hintergrund und Vorbereitung

Häufig ist die Zusammenarbeit mit Dolmetschern der einzige Weg, um Flüchtlinge und Migranten im therapeutischen Setting effektiv behandeln zu können (vgl. Miller et al. 2005: 27). Da die herkömmliche Therapiesituation durch den Dolmetscher jedoch deutlich verändert wird[26], ist auch eine adäquate Vorbereitung des Therapeuten auf die Therapie zu dritt notwendig (vgl. Stuker 2007: 233). Durch eine solche können viele Schwierigkeiten bereits von vornherein aus dem Weg geräumt werden. Obwohl ein gewisser Konsens darüber herrscht, welche Informationen für den Therapeuten vor Beginn der Zusammenarbeit sinnvoll sind, gibt es diesbezüglich keinerlei verbindliche Richtlinien. Sucht man in der Literatur nach Ratschlägen, was auf Seiten der Therapeuten bei der Zusammenarbeit mit Dolmetschern zu beachten ist, so stößt man immer wieder auf die folgenden Hinweise: Der Therapeut ist für die inhaltliche Gestaltung der Sitzung zuständig und sollte den Dolmetscher im Vorfeld über geplante therapeutische Interventionen informieren; in der Sitzung sollte er in kurzen, einfachen Sätzen sprechen und den Patienten bitten, das Gleiche zu tun; nach der Sitzung sollten Missverständnisse und kulturelle Faktoren mit dem Dolmetscher geklärt und diesem die Möglichkeit einer ersten Entlastung gegeben werden (vgl. u. a. Abdallah-Steinkopff 1999: 11ff., Gurris/Wenk-Ansohn 2009: 486). Mangels verbindlicher Vorgaben ist es nicht überraschend, dass die Vorbereitung in den Fällen von T1 und T2 unterschiedlich ausfiel:

T1 wurde von Seiten der Einrichtung ein Leitfaden zur Verfügung gestellt, mit dessen Hilfe er sich einen ersten Eindruck von der Zusammenarbeit mit Dolmetschern und den Vereinbarungen, die diesbezüglich bei E1 gelten,

---

[26] Siehe Kapitel 2.4.1.

machen konnte (vgl. T1 18-21[27]). Zwar gab es zu Beginn seiner Tätigkeit vor eineinhalb Jahren keine Schulung zu diesem Thema, später wurde ihm aber angeboten, eine solche zu besuchen, was er auch tat. Im Rahmen dieser Schulung sollten die Teilnehmer die Arbeit des Dolmetschers in Form von Rollenspielen nachahmen und dazu auf Deutsch die Äußerungen von zwei anderen deutschsprachigen Beteiligten wiedergeben. T1 beschreibt diese Erfahrung als sehr bereichernd, da er zum einen erkannt habe, wie schwer es sei, gesprochene Sprache exakt zu übertragen, und zum anderen auf diese Weise die hohe kognitive Belastung des Dolmetschers am eigenen Leib nachempfinden habe können (vgl. T1 131-141, 187-202). Er berichtet, dass er sich zu Beginn immer gehemmt gefühlt habe, wenn ein bestimmter Dolmetscher, der sowohl über langjährige Dolmetscherfahrung im psychotherapeutischen Setting als auch über eine Ausbildung im therapeutischen Bereich verfügt, bei seinen Sitzungen zugegen gewesen sei. T1 schildert, dass er sich in dieser Situation „immer wie (…) unter Supervision gefühlt [habe], es (…) [sei] am Anfang schon irritierend" (T1 282-284) gewesen, aber dank des professionellen Verhaltens des Dolmetschers erlebe er die Zusammenarbeit mit diesem inzwischen als Bereicherung (vgl. T1 277-290). Dieser Effekt ist nicht unüblich, wie die Studie von Miller et al. belegt: Dort gaben befragte Therapeuten häufig an, dass es für sie zunächst verunsichernd gewesen sei, einen Dritten in der Sitzung dabeizuhaben, diese anfängliche Unsicherheit sich aber mit zunehmender Routine gelegt habe (vgl. Miller et al. 2005: 33).

Im Gegensatz zu T1 war T2 bereits intensiv mit der dolmetschgestützten Therapie in Kontakt gekommen, bevor er selbst vor acht Jahren begann, als Therapeut in einer solchen zu arbeiten: Er hatte sich an einem Projekt beteiligt, dessen Ziel es war, herauszufinden, unter welchen Bedingungen die dolmetschgestützte Therapie erfolgreich gestaltet werden kann und welche Parameter diesbezüglich zu beachten sind. Zur Vorbereitung auf dieses Projekt habe er sich zunächst umfassend in das Themengebiet eingelesen, Gespräche geführt und so schon im Vorfeld einige Erfahrungen gesammelt (vgl. T2 45-53). Außerdem habe er auch aktiv mitgeholfen, Dolmetscher auf ihren Einsatz in der Therapie vorzubereiten (vgl. T2 21). Insgesamt, so T2, habe es zunächst „sehr sehr hinderliche Richtlinien" (T2 28-29) bezüglich der vermeintlich idealen Therapiegestaltung gegeben. Inzwischen sei er persönlich zu der Überzeugung gelangt, dass die Therapie zu dritt umso

---

[27] Beim Verweis auf Zitate aus den Interviews wird zunächst der Interviewpartner (T1/T2/D1/D2/P1/P2) angegeben, anschließend folgt die Angabe der relevanten Zeilen des jeweiligen Transkripts; Kopien der Transkripte im Anhang.

besser funktioniere, „je natürlicher und intuitiver die ganze Sache gehand-habt" (T2 31) werde.

Die unterschiedliche Vorbereitung der beiden Therapeuten auf die dol-metschgestützte Therapie lässt sich folgendermaßen zusammenfassen: Die von T1 wurde bei E1 zentral organisiert und kann aufgrund der erwähnten Hilfsmittel (Leitfaden, Schulung) durchaus als standardisiert bezeichnet werden. T2 ist dagegen eher Autodidakt, der sich mit Hilfe mehrerer unter-schiedlicher Quellen selbst in das Thema eingearbeitet hat. In Anbetracht ihrer unterschiedlich langen Erfahrung im therapeutischen Alltag mit und ohne Dolmetscher und den gerade ausgeführten Unterschieden hinsichtlich ihrer individuellen Vorbereitung stellt sich die Frage, ob sich die beiden Therapeuten auch bezüglich ihrer Sicht auf und Herangehensweise an die Therapie zu dritt voneinander unterscheiden.

3.2.2 Beziehung zwischen Therapeut und Dolmetscher

Seine Sicht auf die Beziehung zwischen Therapeut und Dolmetscher schil-dert T1 folgendermaßen: „Also ich erleb (…) [den] Dolmetscher schon als meinen Kollegen, (...) dass wir ein Team sind und dann (…) quasi der Pa-tient so dazu kommt" (T1 322-324).

Oberflächlich betrachtet ist T2s Sicht auf die Beziehung ähnlich, spricht er doch davon, dass Therapeut und Dolmetscher für ihn „zwei [gleichberech-tigte] *Professionals*[28] sind, die mit einem Patienten arbeiten" (T2 34). Be-trachtet man diese beiden Stellungnahmen aber im Kontext, so wird schnell klar, dass sich die Konzepte hinter den Äußerungen deutlich voneinander unterscheiden:

In der Literatur herrscht Konsens darüber, dass für eine erfolgreiche Zu-sammenarbeit eine klare Aufgabenverteilung zwischen Therapeut und Dolmetscher gegeben sein muss. Dabei ist der Therapeut für die Gestaltung der Sitzung und die Behandlung des Patienten zuständig, der Dolmetscher für die sprachliche Vermittlung. Diese eindeutige Kompetenzverteilung soll sowohl die Therapie zu dritt erleichtern als auch den Dolmetscher vor etwaigen überzogenen Erwartungen seitens seiner Landsleute schützen (vgl. u. a. Abdallah-Steinkopff 1999: 11, Egger/Wedam 2003: 87f., Sejdijaj et al. 2002: 46f.). Trotz dieser formal klaren Trennung der Aufgabenberei-che wird die Gesamtverantwortung für das Gelingen der Therapie im Groß-teil der von der Autorin gesichteten Literatur dem Therapeuten zugeschrie-ben, welcher somit letztlich auch für den Dolmetscher und dessen Arbeit

---

[28] Hervorhebung Köllmann.

verantwortlich und diesem daher auch zu einem gewissen Grad übergeordnet ist (vgl. u. a. Abdallah-Steinkopff 1999: 11f., Salman 2001: 176, Wedam 2009: 190). Besonders deutlich äußern sich hierzu d'Ardenne et al., die explizit von der „overall responsibility of the clinician for good interpreting" (d'Ardenne et al. 2007: 310) sprechen.

Eine ähnliche Auffassung vertritt T1, der berichtet, dass es immer wieder vorkomme, dass Patienten entgegen der Regeln von E1 außerhalb der Sitzung Kontakt zum Dolmetscher suchten. In diesen Fällen müsse „man da [als Therapeut] sehr massiv immer wieder dran erinnern" (T1 45-46), dass dies verboten sei. Bei zu viel Interesse des Patienten am Privatleben des Dolmetschers müsse man als Therapeut mitunter „schon sehr die Grenzen setzen" (T1 53), also generell in derartigen Situationen „dem Dolmetscher so n bisschen unter die Arme greifen, für ihn die (...) Regeln dann nochmal klar machen" (T1 60-61). T1 weist außerdem darauf hin, dass Feedback von Seiten des Therapeuten für Dolmetscher mit wenig Erfahrung im psychotherapeutischen Setting eine wichtige Hilfe dabei sei, sich in diesem Arbeitsumfeld besser zurechtzufinden (vgl. T1 120-125). Aus diesen Äußerungen lässt sich schließen, dass T1 es als seine Aufgabe betrachtet, sicherzustellen, dass der Dolmetscher seine Arbeit ungehindert und so gut wie möglich ausüben kann. Somit übernimmt innerhalb des von ihm angesprochenen Teams eindeutig der eine Partner (also der Therapeut) Verantwortung für den anderen (nämlich den Dolmetscher).

T2 bezieht hier eine deutlich andere Position; seine Sicht auf Therapeut und Dolmetscher ähnelt eher der von Mirdal. Letztere vertritt die Auffassung, dass eine effiziente Arbeitsbeziehung zwischen Therapeut und Dolmetscher nur dann möglich ist, wenn beide in der Therapie als Experten auf ihrem jeweiligen Fachgebiet auftreten, kein zu großes Machtgefälle zwischen beiden besteht und sich der Dolmetscher daher nicht dem Therapeuten untergeordnet fühlt. Genau das könne aber zum einen aufgrund der Art der Anstellung – der Dolmetscher häufig nur stundenweise, der Therapeut dagegen fest – und zum anderen wegen der ungleichen Bezahlung leicht geschehen (vgl. Mirdal 1988: 330ff.). Für T2 ist der Dolmetscher, wie er mehrfach erklärt, „ein absolut wichtiges Professional, ohne das (...) [er] nicht arbeiten" (T2 234) könne, seine Arbeit wäre in dieser Form ohne Dolmetscher unmöglich (vgl. T2 347). Die Gleichberechtigung zwischen ihnen beiden sei dabei insofern gestört, als die Bezahlung des Dolmetschers deutlich niedriger ausfalle als die seine (vgl. T2 37-38). T2 betont zugleich, dass er sich als Therapeut mit jahrelanger Praxiserfahrung nicht mehr für den Dolmetscher verantwortlich fühle, da sich dieses Pflichtgefühl bei ihm „abgearbeitet" (T2 79) habe. Aus zwei Gründen übernehme er keine Verantwortung für den Dolmetscher: Zum einen könne er das „energiemäßig (…) nicht leisten" (T2 324-325), zum anderen wäre dies auch „eine Verkleinerung vom Dolmetscher" (T2 325), weil dieser so nicht ernst genommen, nicht respektiert werde (vgl. T2 327). Die Unsicherheit eines unerfahrenen Dolmetschers bei seinem ersten Einsatz im psychotherapeutischen Setting sei nicht überraschend, so T2. Allerdings zieht er daraus nicht den Schluss, dass er den Dolmetscher am Anfang leiten müsse, sondern erklärt, dass er selbst zu Beginn einer Therapie ebenfalls eine gewisse Unsicherheit verspüre, da auch für ihn jeder Patient einzigartig sei (vgl. T2 133-139). Insgesamt sei es so: „[J]e mehr man dem Dolmetscher zutraut im Sinne von dass das eine eigene Profession ist, [dass] die [Dolmetscher] wissen, was sie tun" (T2 31-33), desto besser funktioniere die Therapie zu dritt (vgl. T2 30-35).

Während T1 sich also in der Verantwortung sieht, dafür zu sorgen, dass der Dolmetscher ungestört und professionell seine Aufgabe wahrnehmen kann, vertritt T2 die Haltung, dass sowohl ihm als Therapeut als auch dem Dolmetscher ein klar begrenzter Aufgabenbereich zukommt, wobei jeder auf seinem Gebiet Experte ist. Zugleich sieht er sich als Therapeut nicht in der alleinigen Verantwortung für die Gesamtsituation. Vielleicht hängt diese Haltung auch damit zusammen, dass die meisten bei E2 tätigen Dolmetscher – anders als in anderen Einrichtungen – nur selten geschulte Migranten, sehr viel häufiger dagegen diplomierte Konferenzdolmetscher sind (vgl. T2 57-59). Diese unterschiedliche Auffassung von der Beziehung zwischen Therapeut und Dolmetscher wirft zwangsläufig die Frage auf, was die beiden Befragten jeweils dem Aufgabenbereich des Dolmetschers zurechnen und in welcher/en Rolle/n sie ihn sehen.

3.2.3 Rolle und psychische Belastung des Dolmetschers

Was die Rolle des Dolmetschers in der Psychotherapie betrifft, so ist die offensichtlichste die des Sprachmittlers, wird er doch in erster Linie herangezogen, um die Äußerungen von Therapeut und Patient in die Sprache[29] des jeweils anderen zu übertragen. Diese Sicht der Dinge teilen auch beide befragten Therapeuten: T1 erklärt, dass er den Dolmetscher zunächst einmal als Sprachmittler sehe, der seine Aufgabe umso besser erledige, je neutraler er sei und je mehr er sich auf diese Rolle konzentriere (vgl. T1 503-506). T2 berichtet, dass der Dolmetscher für ihn vor allem ein Experte auf seinem eigenen Gebiet, nämlich der Sprachmittlung, sei und so die Ar-

---

[29] Zur Bedeutung von Sprache im therapeutischen Kontext siehe Kapitel 2.3.

beit des Therapeuten überhaupt erst ermögliche (vgl. T2 234-237). Allerdings werden dem Dolmetscher im therapeutischen Kontext häufig auch weitere Rollen zugeschrieben, die zum Teil weit über die Sprachmittlung hinausgehen.

Dadurch, dass Therapeut und Patient in der dolmetschgestützten Therapie in den seltensten Fällen den gleichen kulturellen Hintergrund teilen, können im Rahmen der Zusammenarbeit Probleme auftreten, die auf mangelnde Kenntnis der Kultur des jeweils anderen zurückzuführen sind[30]. Da Dolmetscher, die in diesem Setting zur Sprachmittlung herangezogen werden, dagegen nicht selten aus dem gleichen Land stammen wie die Patienten, für die sie dolmetschen, bringen sie neben den sprachlichen oftmals auch kulturelle Kenntnisse mit, welche dem Therapeuten fehlen (vgl. Morina 2007: 192). Deshalb wird der Dolmetscher häufig auch in der Rolle des Kulturmittlers oder als „eine Brücke zwischen Kulturen" (Refugio München 2003a: 4) gesehen (vgl. u. a. Egger/Wedam 2003: 86, Gurris/ Wenk-Ansohn 2009: 485, Miörner Wagner/Brigitzer 2003: 94) und kann beispielsweise dadurch, dass er den Therapeuten über kulturspezifische Aspekte aufklärt, die im Rahmen der Zusammenarbeit von Bedeutung sind, zu einer erfolgreichen Gestaltung der Therapie zu dritt beitragen (vgl. Abdallah-Steinkopff 1999: 11ff.). Zugleich wird jedoch auch an mehreren Stellen darauf hingewiesen, dass der gemeinsame kulturelle Hintergrund von Dolmetscher und Patient einerseits dazu führen kann, dass der Patient sich zunächst instinktiv eher dem Dolmetscher zuwendet und deshalb erst im späteren Therapieverlauf eine Beziehung zum Therapeuten entwickelt, und andererseits auch beim Therapeuten ein Gefühl des Ausgeschlossen-Seins und der Eifersucht erzeugen kann (vgl. z. B. Miller et al. 2005: 32, Morina 2007: 185, Stuker 2007: 227).

Auch für T1 ist die Kulturmittlung ein wichtiger Aspekt hinsichtlich der Rolle des Dolmetschers. Diese stellt für ihn einen der ganz entscheidenden Vorteile der Therapie zu dritt dar (vgl. T1 511, 540): Oftmals sei es notwendig, kulturbedingte Faktoren zu verstehen, um bestimmte Äußerungen des Patienten überhaupt einzuordnen zu können (vgl. T1 328-336). Den bereits angesprochenen, sehr erfahrenen Dolmetscher schätze er unter anderem deshalb so, weil dieser ihm, da er aus der gleichen Kultur stamme wie der zu behandelnde Patient, dabei helfen könne, kulturell bedingte Umstände besser zu verstehen (vgl. T1 289-293). Der häufig vorhandene gemeinsame kulturelle Hintergrund von Dolmetscher und Patient sei nicht nur in diesem Einzelfall, sondern generell „eine zusätzliche Informationsquel-

---

[30] Zu den Herausforderungen der interkulturellen Therapie siehe Kapitel 2.1.

le" (T1 305-306), nicht aber etwas, aufgrund dessen er sich ausgeschlossen fühle (vgl. T1 321-322). T1 empfindet die Möglichkeit, über den Dolmetscher kulturrelevante Informationen zu erhalten, also als deutliche Bereicherung, ohne sich dabei dem Dolmetscher, der über mehr kulturelles Hintergrundwissen verfügt als er selbst, unterlegen zu fühlen.

T2 unterscheidet sich in Bezug auf diese Frage deutlich von seinem Kollegen T1. Auf die Frage hin, ob der Dolmetscher im Rahmen der interkulturellen Therapie auch bei der Kulturmittlung helfe, antwortet er:

> Da bin ich empfindlich. (lacht) Ich (...) glaub nicht, dass es sowas gibt wie einen Kulturmittler. Wenn ich mir (...) nur überleg einen Kulturmittler für die Türkei: Dann müsste ich von jedem Dorf alle 25 Kilometer eine (...) Person kennen, die sich genau in dem Dorf auskennt, genau mit der Kultur, weil's so viele unterschiedliche Nuancen gibt. Und dann (...) kommt (...) [diese Person] noch nicht einmal aus der Familie, (...) und nicht einmal in einer Familie funktioniert das (...). Ich halte viel mehr davon, dass man sich das gegenseitig erstottert und erstammelt was man glaubt (...) und was man so gegenseitig für Annahmen hat (...). Der [Patient] hat eine Annahme über mich und ich hab eine Annahme über ihn, (...) und so funktioniert's auch mit den Dolmetschern. (T2 239-250)

Dass eine Kulturmittlung seiner Meinung nach aufgrund zu großer kultureller Vielfalt kaum möglich ist, illustriert T2 noch einmal anhand eines anderen Beispiels: Nur weil er aus dem gleichen Land stamme wie D2, teile er deshalb nicht zwangsläufig dessen Kultur (vgl. T2 250-252). Er empfinde auch kein Gefühl der Eifersucht, wenn Dolmetscher und Patient eine ihm selbst unbekannte Kultur und/oder eine Sprache teilen, so T2. Zwar sei das „ja ein großes Problem für viele Therapeuten und Therapeutinnen, dass ein Dritter dabei ist und der dann [dem Patienten] näher (...) steht" (T2 210-211), aber da er selbst schon sehr lange in seinem Beruf tätig und sich seiner Sache sehr sicher sei, sei das für ihn kein Problem. T2 erzählt, dass er keine Angst habe, dass ihm der Dolmetscher den Patienten ausspanne, das sei „irreal" (T2 226). Hätte er eine solche Angst, so müsse er sich überlegen, inwiefern dies mit dem Patienten beziehungsweise mit ihm selbst zu tun habe und welche Bedeutung diese Angst für die therapeutische Beziehung hätte. Aber da der Dolmetscher für ihn keine Konkurrenz, sondern eine Ergänzung darstelle, sehe er ihn in dieser Hinsicht auch nicht als Unsicherheitsfaktor (vgl. T2 226-230). T2s Standpunkt bezüglich dieser Frage unterstreicht zum einen noch einmal die eindeutige Rollenverteilung, welche er befürwortet – der Dolmetscher ist nur für die Sprachmittlung zuständig und er selbst für die Arbeit mit dem Patienten. Zum anderen zeigen T2s Antworten auch, dass er einen sehr reflektierten Umgang mit der emotionalen Komplexität der therapeutischen Triade pflegt und so stets auch seine eigenen Emotionen hinterfragt.

Von der sprachlichen und kulturellen Vermittlung einmal abgesehen, werden dem Dolmetscher vereinzelt auch (co-)therapeutische Aufgaben und Kompetenzen zugeschrieben[31]. Allerdings variiert die Auslegung des Begriffs *Co-Therapeut* beträchtlich. Am extremsten ist sicherlich die Position von Knoll/Roeder, die über ihre Erfahrungen aus der dolmetschgestützten Gruppentherapie berichten. Schon das Argument, dass der Dolmetscher sich zwangsläufig alleine aufgrund der Tatsache, dass er in einem therapeutischen Kontext tätig ist, selbst „als *Therapeutikum*[32], als *Kotherapeut*[33] [sic] (…) sieht und so von den Patienten auch gesehen wird" (Knoll/Roeder 1988: 118), wirft die Frage auf, inwieweit die Rollenverteilung im untersuchten Setting überhaupt thematisiert wurde. Wenn allerdings in der Folge berichtet wird, dass die beobachteten Dolmetscher häufig selbst auf die Patienten eingegangen seien, eigenständig nachgefragt und auch Ratschläge erteilt hätten und dieses Verhalten anschließend als „sicherlich das Heilsamste und Wirkungsvollste im Rahmen einer Therapie über den Dolmetscher" (Knoll/Roeder 1988: 120f.) bezeichnet und der Dolmetscher deshalb auch ein „Heilmittel" (Knoll/Roeder 1988: 121) genannt wird, dann darf wohl zu Recht an der Professionalität aller Beteiligten, Dolmetscher wie Therapeuten, gezweifelt werden. Von deutlich mehr Kompetenz zeugt dagegen die Position von Leyer, die davon spricht, dass der Dolmetscher insofern Co-Therapeut sei, als er dem Therapeuten nach der Sitzung dabei helfen könne, sich ein umfassendes Bild vom Patienten einschließlich dessen kulturellen, familiären und sozialen Hintergrundes zu machen (vgl. Leyer 1988: 106).

Anders als bei T2, der den Dolmetscher ausschließlich als Experten für die Sprachmittlung sieht, ist dieser für T1 „durchaus auch (…) Co-Therapeut (…) in nem gewissen kleinen Sinne" (T1 511-512). Was T1 mit der Bezeichnung *Co-Therapeut* meint, erklärt er wie folgt: Generell befürworte er es, wenn man sich als Therapeut mit Kollegen über Patienten austausche, um auf diese Weise auch einmal einen anderen Blickwinkel auf den individuellen Fall einnehmen zu können. Bei der Arbeit in einer Triade habe er nun die Möglichkeit, sich mit dem Dolmetscher über den Patienten auszutauschen und dessen Eindruck von selbigem zu erfragen – was in seinen

---

[31] Weitaus häufiger wird allerdings ausdrücklich darauf hingewiesen, dass die therapeutische Gesamtverantwortung beim Therapeuten allein liegt (vgl. z. B. Morina 2007: 201, Salman 2001: 180ff., Sejdijaj et al. 2002: 46f.).

[32] Hervorhebung im Original.

[33] Hervorhebung im Original.

Augen ein weiterer großer Vorteil der dolmetschgestützten Therapie sei. Zwar sei ein Dolmetscher nur im Ausnahmefall therapeutisch geschult, seine Rückmeldungen zu plötzlichen Verhaltens- oder Stimmungsänderungen beim Patienten seien aber dennoch sehr wertvoll (vgl. T1 539-555). T1 beschreibt, dass er durch den Austausch mit dem Dolmetscher häufig auf Dinge aufmerksam werde (wie beispielsweise einen unvermittelt auftretenden Anflug von Nervosität beim Patienten), die er bis dahin selbst nicht wahrgenommen habe (vgl. T1 308-315). Auch zur Absicherung seiner eigenen Eindrücke bezüglich auffälliger Verhaltensänderungen bei dem Patienten empfinde er „die Rückmeldung vom Dolmetscher (...) [als] sehr wichtig und hilfreich" (T1 519-520). Besonders schätze er einen solchen Austausch mit bereits erwähntem, therapeutisch geschultem Dolmetscher (vgl. T1 277-290). Zwar ließe es sich nicht jedes Mal einrichten, aber grundsätzlich versuche er immer, die Therapie rechtzeitig zu beenden, um dem Dialog mit dem Dolmetscher noch ein paar Minuten einräumen zu können (vgl. T1 115-119). Es ist interessant zu sehen, dass T1 die Anwesenheit des Dolmetschers auch deshalb schätzt, weil er seine eigenen Eindrücke noch einmal mit diesem besprechen und in gewisser Weise überprüfen kann. Möglicherweise lassen sich diese Suche nach Bestätigung und die Beruhigung dadurch, dass der Dolmetscher ihn auf Dinge aufmerksam machen wird, die er selbst übersehen hat, so erklären: T1 arbeitet erst seit circa eineinhalb Jahren hauptberuflich im therapeutischen Setting und das von Beginn an mit Dolmetschern. Da diese zum Teil schon sehr viel länger in diesem Setting tätig sind als er selbst, hat er sie vielleicht von Anfang an aufgrund der Erfahrung, die sie ihm voraushaben, als zusätzliche Absicherung gegen Fehler von seiner Seite schätzen gelernt. T2 ist sich seiner Sache dagegen aufgrund seiner deutlich längeren Erfahrung sicher und unterscheidet nicht zuletzt deshalb eindeutig zwischen seinen eigenen Aufgaben und denen des Dolmetschers.

Die Neutralität des Dolmetschers als Grundvoraussetzung für die erfolgreiche Therapie zu dritt wird in fast allen von der Autorin gesichteten Empfehlungen unterstrichen (vgl. u. a. Morina 2007: 190, Stuker 2007: 223). Im selben Zuge wird häufig erwähnt, dass die Wahrung einer neutralen Haltung für den Dolmetscher nicht einfach ist. Da Patient und Dolmetscher oft Landsleute sind, kommt ersterer leicht in die Versuchung, in letzterem einen Fürsprecher und Unterstützer zu sehen. Der Schritt dahin, sich auch außerhalb des therapeutischen Settings an den Dolmetscher zu wenden, wenn sprachliche Probleme auftreten – beispielsweise bei Behördengängen o.ä. – ist nicht besonders groß. Entsteht auf diese Weise eine engere Beziehung zwischen Dolmetscher und Patient, so kann ersterer die ihm abverlangte Neutralität nur noch schwer – wenn überhaupt – wahren (vgl. Salman 2001: 174f.). Um diesem Problem vorzubeugen, wird zu einem strikten Kontaktverbot außerhalb der Sitzung geraten (vgl. u. a. Gurris/Wenk-Ansohn 2009: 486, Morina 2007: 190, Sejdijaj et al. 2002: 46).

Auch T1 misst der Neutralität des Dolmetschers, welche er in der bereits erwähnten Formulierung „umso besser, je (…) neutraler" (T1 504-505) angesprochen hat, insgesamt große Bedeutung bei und unterstreicht die Notwendigkeit eines Kontaktverbots außerhalb der Sitzungen mehrfach: Gegen ein paar Worte zur Begrüßung zwischen Dolmetscher und Patient vor der Therapie sei nichts einzuwenden, aber der Kontakt solle nicht darüber hinaus gehen. Wie die Autoren der bereits angeführten Publikationen weist auch T1 darauf hin, dass die Einhaltung dieser Regel Patienten, die den Dolmetscher als Landsmann häufig automatisch als Verbündeten sehen, nicht immer leicht falle. Es könne auch vorkommen, dass der Patient es als Kränkung auffasse, wenn der Dolmetscher einen engeren Kontakt außerhalb der Therapie ablehne. Deshalb sei es mitunter erforderlich, diesen Aspekt auch in der Therapie zu thematisieren (vgl. T1 28-58, 67-77). Sollte sich dennoch außerhalb der Sitzungen ein intensiverer Kontakt zwischen Dolmetscher und Patient entwickeln, dann, so T1, sei die Neutralität des ersteren nicht gewährleistet und deshalb ein Dolmetscherwechsel indiziert (vgl. T1 266-275). Die Haltung von T1 deckt sich in dieser Frage somit mit dem Großteil der Empfehlungen in der Literatur.

T2 ist diesbezüglich gänzlich anderer Ansicht. Die Neutralität des Dolmetschers ist für ihn eine Illusion, etwas, das man, wie er sagt, „eigentlich vergessen" (T2 104) könne. Schon aufgrund der Vorgänge im menschlichen Unterbewusstsein seien diese und „das berühmte Heraushalten" (T2 102) des Dolmetschers nicht möglich. T2 erklärt auch, dass es für ihn kein Problem sei, wenn sich Dolmetscher und Patient vor Therapiebeginn im Wartezimmer unterhielten, weil er generell keine Angst habe, dass ihm Informationen vorenthalten werden oder verborgen bleiben könnten. Da seine Therapien langfristig angelegt seien, kämen wichtige Aspekte früher oder später ohnehin zur Sprache (vgl. T2 214-224). Aus dieser Aussage werden zwei Dinge deutlich: Zum einen ist wieder einmal klar erkennbar, dass T2 – wohl nicht zuletzt aufgrund seiner Tätigkeit als Psychoanalytiker – sehr sensibel in Bezug auf die emotionale Ebene der Dreiecksbeziehung ist und deshalb die vom Dolmetscher geforderte Neutralität als illusorisch betrachtet. Zum anderen zeigt sich noch einmal deutlich, wie strikt T2 seine Arbeit von der des Dolmetschers trennt: Geht es um Gespräche zwischen diesem und dem Patienten, so liegt die Aufmerksamkeit von T2 weniger darauf, was sich daraus für eine Beziehung zwischen diesen beiden entwickeln könnte, als vielmehr darauf, was ein solcher Austausch für die therapeutische Beziehung zwischen ihm selbst und dem Patienten zu bedeuten hätte. Wie in Kapitel 2.2 bereits erwähnt, geht die Arbeit im therapeutischen Setting für alle beteiligten Berufsgruppen mit dem Risiko einer starken psychischen Belastung einher[34]. Um dadurch verursachten Langzeitwirkungen vorzubeugen, sind der Austausch mit und die Unterstützung durch Kollegen sowie die Möglichkeit, Supervision in Anspruch zu nehmen, notwendig (vgl. Frey 2007: 255). Im Falle der Dolmetscher wird häufig darauf hingewiesen, dass diese auch durch ein Nachgespräch mit dem Therapeuten eine gewisse Entlastung erfahren können (vgl. z. B. Gurris/Wenk-Ansohn 2009: 486, Miller et al. 2005: 37, Salman 2001: 183); zusätzlich wird eine eigens auf sie zugeschnittene Supervision ausdrücklich empfohlen (vgl. Morina 2007: 201, Sejdijaj et al. 2002: 48).

T1 erzählt, dass bei E1 eine eigene Gruppensupervision für die Dolmetscher angeboten werde, räumt aber zugleich ein, dass diese womöglich nicht ausreiche, um die Dolmetscher bei der Verarbeitung des Gehörten zu unterstützen. Überhaupt bewundere er, wie die Dolmetscher arbeiteten, und das nicht nur in Bezug auf die Sprachmittlung – schließlich könne er deren Qualität mangels eigener Sprachkenntnisse nicht immer überprüfen – sondern vor allem auch dahingehend, wie die Dolmetscher sich in der doch sehr speziellen Arbeitssituation bei E1, wo man auf die Behandlung von Folteropfern spezialisiert ist, zurechtfänden. Diese Arbeit sei, wie er bei sich selbst beobachten könne, extrem belastend und diese Belastung sei für die Dolmetscher die gleiche – auch wenn er sich über diesen Umstand im Allgemeinen nicht allzu viele Gedanken mache, wie er mit einem Anflug von überraschtem Erkennen erklärt (vgl. T1 577-590).

Auch T2 sieht eindeutig, dass der Dolmetscher von den Vorgängen in der Therapie emotional berührt wird: Besonders belastend seien die Dinge, die man menschlich mitbekomme (vgl. T2 148), deshalb sei Dolmetschen im psychotherapeutischen Setting zwar interessant, aber nicht leicht, sondern „ein brisanter Job" (T2 144-145), „eine Wahnsinnsarbeit" (T2 285), ja sogar eine der „schwierigsten Sachen überhaupt" (T2 142). T2 weist aber auch in diesem Zusammenhang noch einmal eindeutig auf die strikte Trennung der Aufgabenbereiche hin: Er als Therapeut sei genauso wenig für die Therapie des Dolmetschers zuständig wie umgekehrt (vgl. T2 82-83). Aus diesem Grund führe er auch keine regelmäßigen Nachgespräche nach den Sitzungen, denn er wisse nicht, was er in diesem Rahmen besprechen solle: Falls sich für den Dolmetscher ein Problem ergebe, stehe es diesem jeder-

---

[34] Siehe hierzu auch Kapitel 3.3.3.

zeit frei, „zur Supervision [zu] gehen" (T2 318). Natürlich stehe er dem Dolmetscher bei Bedarf noch für ein kurzes Gespräch nach der Therapie zur Verfügung (vgl. T2 75-77, 322-323, 328-330) und es komme auch durchaus vor, dass Dolmetscher und Therapeut nach einer besonders schwierigen Sitzung „beide verstört" (T2 81) seien und sich daraus ein Gespräch ergebe, einfach, weil das Bedürfnis bei beiden da sei (vgl. T2 80-82). Letztlich liege es aber beim Dolmetscher, Verantwortung für sich selbst zu übernehmen, also beispielsweise die Dolmetschersupervision in Anspruch zu nehmen, Dinge zu verarbeiten, die ihn belasten oder sich direkt an ihn, T2, zu wenden (vgl. T2 74-75, 317-318, 322-323). Auch hier zeigt sich nochmals, dass T2 die emotionale Komponente nie aus den Augen verliert und sich der Tatsache, dass sowohl der Dolmetscher als auch er selbst zwangsläufig emotional in die Therapie involviert werden, sehr bewusst ist. Zugleich unterstreicht er an dieser Stelle aber zum wiederholten Male die klare Trennung der Aufgaben und der Zuständigkeitsbereiche von Therapeut und Dolmetscher.

Während T1 den Dolmetscher also nicht nur als Sprach-, sondern zugleich auch als Kulturmittler und bis zu einem gewissen Grad sogar als Co-Therapeut sieht, ist er für T2 ausschließlich für die Übertragung der Sprache zuständig. Interessant ist in diesem Zusammenhang folgende Beobachtung: T1 zieht die Grenzen zwischen den Aufgaben des Therapeuten und des Dolmetschers zwar lange nicht so eindeutig wie T2, geht aber, sobald es um emotionale Aspekte – beispielsweise die psychische Belastung – geht, getrennt auf beide ein. Für T2 sind die faktischen Aufgabenbereiche von Therapeut und Dolmetscher dagegen voneinander völlig unabhängig. Gleichzeitig geht er aber immer wieder auf die Tatsache ein, dass in der Therapie zu dritt alle drei Beteiligten auf komplexe Art und Weise emotional interagieren. Möglicherweise konzentriert sich T1 im Moment noch mehr auf die praktische Zusammenarbeit als auf die emotionalen Verstrickungen in der Triade, weil er einfach noch weniger routiniert in der dolmetschgestützten Therapie ist als T2; vielleicht ist T2s Konzentration auf unterbewusste Vorgänge, Übertragungen und Gegenübertragungen auch einfach der Tatsache geschuldet, dass diese fundamentaler Bestandteil seines psychoanalytischen Therapieverständnisses sind. Wie aber wirkt sich die unterschiedliche Auffassung hinsichtlich der Rolle des Dolmetschers nun in der Praxis auf die Zusammenarbeit in der Sitzung aus?

3.2.4 Zusammenarbeit in der Therapie

Hinsichtlich der konkreten Therapiegestaltung mit Dolmetscher finden sich in der Literatur zahlreiche Anregungen und Empfehlungen. Meist wird die Zusammenarbeit von Therapeut und Dolmetscher dabei in die drei folgenden Phasen eingeteilt: Vorgespräch, Therapiesitzung und Nachgespräch im Anschluss an die Sitzung. Zwar wird vereinzelt auch auf die Vorbereitung des Dolmetschereinsatzes eingegangen, die auch die Auswahl des Dolmetschers, die Festlegung von Ort, Datum und Uhrzeit sowie Abrechnungsmodalitäten etc. umfasst, allerdings selten so detailliert wie bei Salman (vgl. Salman 2001: 177f.), der diese Planung ebenso als eigene Phase der dolmetschgestützten Therapie betrachtet wie die anschließende Auswertung des Dolmetscheinsatzes; mit Hilfe dieser Evaluierung soll die Zusammenarbeit langfristig optimiert werden (vgl. Salman 2001: 177, 183).

Hinsichtlich des Vorgesprächs gibt es unterschiedliche Empfehlungen: Abdallah-Steinkopff plädiert beispielsweise dafür, ein solches regelmäßig vor den Sitzungen abzuhalten, um den Dolmetscher über angestrebte Therapieziele sowie geplante therapeutische Interventionen aufzuklären und sich von ihm über kulturelle Aspekte informieren zu lassen, die in diesem Zusammenhang relevant sein könnten (vgl. Abdallah-Steinkopff 1999: 11ff.). Ähnliche Positionen finden sich unter anderem bei Morina (vgl. Morina 2007: 195) und Stuker (vgl. Stuker 2007: 229). Sehr viel häufiger wird allerdings davon gesprochen, ein Vorgespräch nur zu Beginn der Therapie mit einem neuen Patienten anzusetzen, um dem Dolmetscher einige Informationen über dessen Hintergrund zukommen zu lassen (vgl. u. a. d'Ardenne et al. 2007: 309, Sejdijaj et al. 2002: 47) oder – wenn vorher noch nicht zusammengearbeitet wurde – die Rollenverteilung zu klären, die Bedeutung der Schweigepflicht zu unterstreichen und gegebenenfalls zu erörtern, wie gedolmetscht werden soll (vgl. Egger/Wedam 2003: 90).

T1 gibt an, ein Vorgespräch nur im Falle eines besonderen Therapieschritts, wie beispielsweise einer hypnotherapeutischen Intervention, zu führen, wenn der Dolmetscher diesen eventuell nicht kenne (vgl. T1 433-444). Seine Therapieplanung falle deshalb, weil ein Dolmetscher anwesend sei, aber nicht anders aus als sonst (vgl. T1 342-343). In diesem Punkt stimmt T2 mit seinem Kollegen überein: Insgesamt plane er die Therapie nicht anders, wenn ein Dolmetscher zugegen sei, so T2. Schließlich gehe es ihm in erster Linie nicht um diesen, sondern um den Patienten (vgl. T2 159, 176, 357-359). An dieser Stelle könnte es von Interesse sein, sich noch einmal ins Gedächtnis zu rufen, dass T1 nahezu seine gesamte therapeutische Erfahrung im Beisein von Dolmetschern gesammelt hat, wohingegen

T2 jahrelang ohne Dolmetscher tätig war. Dass beide angeben, die Therapie mit und ohne Dolmetscher gleich zu gestalten, ist also insofern interessant, als die Ausgangsvoraussetzungen bezüglich der Therapieplanung von vornherein unterschiedlich sind. Aus diesem Grund sind die Äußerungen der beiden Therapeuten in Bezug auf diesen Aspekt nur bedingt miteinander vergleichbar.

Beginnt nun die Therapie zu dritt, so wird meist empfohlen, dass der Therapeut die Vorstellung des Dolmetschers und die Erläuterung der Rollenverteilung gegenüber dem Patienten übernimmt (vgl. u. a. Salman 2001: 180, Tosic-Memarzadeh et al. 2003: 42f.) und, wenn nötig, auch noch einmal deutlich macht, dass private Kontakte zwischen Dolmetscher und Patient tabu sind (vgl. v. Törne 2009: 14). Auch T1 berichtet, dass es in seinen Sitzungen so sei, dass er dem Patienten zu Beginn der Therapie erkläre, was in den Aufgabenbereich des Dolmetschers falle und was nicht. Außerdem werde zu diesem Zeitpunkt auch noch einmal ausdrücklich darauf hingewiesen, dass sich keine persönliche Beziehung zwischen Dolmetscher und Patient entwickeln solle (vgl. T1 28-33). T2 beschreibt dagegen ein anderes Vorgehen: Dadurch, dass die meisten seiner Patienten im Zuge ihrer Einreise ins Aufnahmeland schon Erfahrungen im Umgang mit Dolmetschern gesammelt hätten, könnten sie sich mit der Situation, dass ein Dolmetscher bei der Therapie zugegen sei, ganz gut arrangieren. Er lege viel Wert darauf, dass sich der Dolmetscher dem Patienten selbst vorstelle, da letzterem gegenüber auf diese Weise die Gleichberechtigung von Therapeut und Dolmetscher noch einmal deutlich unterstrichen werden könne. Wichtig sei an dieser Stelle allerdings, dass noch einmal ganz explizit auf die Schweigepflicht des Dolmetschers hingewiesen werde: Schließlich könne man die Sorge des Patienten, ersterer könnte vertrauliche Informationen nach außen tragen, nur zu gut nachvollziehen (vgl. T2 87-98). Auch hier zeigt sich wieder die bereits in Kapitel 3.2.2 deutlich gewordene unterschiedliche Sicht auf die Aufgabenverteilung in der Therapie: Während sich T1 auch bei der Vorstellung der Beteiligten in der Verantwortung sieht, eine gute Basis für die erfolgreiche Zusammenarbeit zwischen Dolmetscher und Patient zu schaffen, überlässt es T2 – wieder gemäß seiner Auffassung einer klaren Grenze zwischen den Aufgabenbereichen der beiden *Professionals* – dem Dolmetscher, sich selbst und seine Arbeit vorzustellen.

Hinsichtlich der Sitzordnung finden sich in der Literatur unterschiedliche Empfehlungen. Meist wird zu einem gleichschenkligen Dreieck geraten, bei dem der Dolmetscher auf halber Strecke seitlich zwischen Therapeut und Patient sitzt. So hat er die beiden anderen Gesprächsteilnehmer im

Blick, während diese sich gegenseitig ansehen und relativ direkt miteinander kommunizieren können (vgl. u. a. Sejdijaj et al. 2002: 46, Stuker 2007: 230, Tosic-Memarzadeh et al. 2003: 41, v. Törne 2009: 9). Gelegentlich werden aber auch andere Sitzordnungen empfohlen, die sich nach Erfahrung des jeweiligen Autors bewährt haben: Zwar spricht sich Haenel auch für eine Anordnung der Gesprächsteilnehmer im Dreieck aus, allerdings bevorzugt er ein gleichseitiges gegenüber dem oben genannten gleichschenkligen Dreieck, um die Gleichberechtigung der Beziehungen zwischen allen drei Beteiligten zu betonen (vgl. Haenel 1997: 143). Abdallah-Steinkopff plädiert dafür, den Dolmetscher ein Stück nach hinten versetzt neben den behandelnden Therapeuten zu setzten. Mit dieser Sitzordnung soll zum einen deutlich gemacht werden, dass Therapeut und Dolmetscher zusammengehören, und zum anderen dem Patienten gegenüber unterstrichen werden, dass der Therapeut sein Ansprechpartner ist (vgl. Abdallah-Steinkopff 1999: 11). Salman argumentiert dagegen, der Dolmetscher solle direkt neben dem Patienten sitzen, um Blickkontakt zu diesem zu vermeiden: Viele Patienten empfänden es als unangenehm, wenn sie sich gegenüber einem Landsmann – in diesem Fall dem Dolmetscher – emotional entblößen müssten. Sitze dieser aber direkt neben ihnen, könnten sie direkt mit dem Therapeuten kommunizieren und „der Dolmetscher scheinbar unbeteiligt und »unsichtbar«[35] von der Seite mit ruhiger Stimme übersetzen" (Salman 2001: 181). Zugleich habe der Therapeut auf diese Weise alle nonverbalen Informationen im Blick (vgl. Salman 2001: 180f.). Am außergewöhnlichsten ist sicherlich die Situation, die Frachon schildert: Er berichtet aus einer Pariser Einrichtung für Opfer von Folter und politischer Gewalt, in der es üblich ist, die Dolmetscher in der Sitzung hinter einem Paravent zu platzieren, damit diese den Anspruch erfüllen können „de rester transparents et de respecter la confidentialité des propos échangés" (Frachon 2010: 2).

Angesichts der in Kapitel 2.4.1 geschilderten Tatsache, dass der Dolmetscher keine Maschine zur Übertragung von Sprache ist, sondern die Therapiesituation durch seine bloße Anwesenheit als Person bereits verändert, erscheint fraglich, inwieweit die beiden letztgenannten Ansätze überhaupt realitätsnah sind. Betrachtet man diese Versuche, den Dolmetscher geradezu unsichtbar zu machen, und erinnert man sich gleichzeitig daran, wie sensibel T2 gegenüber den emotionalen Verstrickungen innerhalb der therapeutischen Triade ist, kann man verstehen, warum er im Interview davon spricht, dass zu Beginn seiner Arbeit mit Dolmetschern zum Teil Sitzord-

---

[35] Anführungszeichen im Original.

nungen empfohlen worden seien, welche er als „menschlich pervertiert, völlig alogisch" (T2 101) bezeichnet. Er erklärt, dass es seiner Erfahrung nach am besten sei, wenn der Dolmetscher in das Team integriert werde und seinen eigenen Platz zwischen Therapeut und Patient habe (vgl. T2 109-113); der „Platz dazwischen" (T2 115) ergebe sich „auch von der Logik her" (T2 115). T1 bevorzugt die in den meisten Empfehlungen präferierte Sitzordnung des gleichschenkligen Dreiecks mit dem Dolmetscher in der Mitte. So würden sowohl dessen Rolle als „Kanal, über den's geht" (T1 372-373) als auch die Hauptachse der Kommunikation, welche eindeutig zwischen Therapeut und Patient verlaufe, räumlich unterstrichen. Als Ausnahmefall nennt T1 die Sitzungen, in denen er mit dem Patienten mit Hilfe einer sogenannten Bildschirmtechnik[36] arbeite – in diesen Fällen sitze der Patient zwischen ihm und dem Dolmetscher (vgl. T1 373-374, 387-392). Abschließend bietet sich als Faustregel wohl folgende Empfehlung von Morina an: „Eine richtige Sitzordnung gibt es nicht. Wichtig ist, dass alle sich in der gewählten Position wohl fühlen" (Morina 2007: 194)[37].

Immer wieder wird darauf hingewiesen, dass der Therapeut darauf achten sollte, in kurzen, einfachen Sätzen zu sprechen und idiomatische oder zu fachliche Ausdrücke so weit wie möglich zu vermeiden. Außerdem sollten sowohl Therapeut als auch Patient dafür sorgen, dass die zu verdolmetschenden Ausführungen nicht zu lang werden, um dem Dolmetscher eine adäquate Übertragung zu ermöglichen. Auch sollte diesem die Möglichkeit eingeräumt werden, die anderen Beteiligten bei zu langen Schilderungen in ihrem Redefluss zu unterbrechen und bei eventuellen Unklarheiten nachfragen zu können (vgl. z. B. Abdallah-Steinkopff 1999: 11ff., Gurris/ Wenk-Ansohn 2009: 486, v. Törne 2009: 14). Auf die Frage hin, ob er in seinem sprachlichen Ausdruck Rücksicht darauf nehme, dass seine Äußerungen verdolmetscht würden, sagt T1, dass er sich hinsichtlich der Länge seiner Ausführungen an den jeweiligen Dolmetscher anpasse, da manche mit längeren Abschnitten besser zurechtkämen als andere. Zugleich vertraue er aber darauf, dass der Dolmetscher ihm eine Rückmeldung geben würde, wenn seine Einheiten zu lang werden sollten (vgl. T1 201-206, 351-352). Es stehe dem Dolmetscher auch jederzeit frei, ihn oder den Patienten in einem solchen Fall zu unterbrechen oder auch bei Verständigungs-

---

[36] Dabei wird der Patient gebeten, auf die weiße Wand zu blicken und sich das Erlebte wie einen Film an die Wand projiziert vorzustellen (vgl. T1 387-390).
[37] Besondere Bedeutung kommt dieser Empfehlung in der Therapie von Folteropfern zu, bei denen die Therapiesituation unter Umständen Erinnerungen an die Foltersituation wachrufen und der Therapieerfolg somit gefährdet werden kann (vgl. Brune/Akbayir 2008: 32, Gurris/Wenk-Ansohn 2009: 483f.).

schwierigkeiten nachzuhaken; in der Praxis werde diese Möglichkeit immer wieder genutzt (vgl. T1 213-216, 221-223). T2 erklärt dagegen mit einem kleinen Augenzwinkern, dass er hinsichtlich seines sprachlichen Ausdrucks in der Sitzung wohl „egomanisch" (T2 181) sei und nicht immer Rücksicht darauf nehme, dass der Dolmetscher seine Äußerungen übertragen müsse. Er räume diesem aber jederzeit die Möglichkeit ein, sich im Zweifelsfall durch Rückfragen noch einmal abzusichern (vgl. T2 181-187). Anhand dieses Beispiels zeigt sich ein weiteres Mal, dass T1 teilweise die Verantwortung dafür übernimmt, dass der Dolmetscher seine Aufgabe erfolgreich erfüllen kann, wohingegen T2 es ausschließlich diesem selbst überlässt, dafür zu sorgen, dass er seine Arbeit so gut wie möglich erledigen kann.

Was das Nachgespräch[38] angeht, weisen die meisten Autoren auf die Möglichkeit hin, dass eventuell aufgetretene Probleme zwischen Therapeut und Dolmetscher in diesem Rahmen geklärt werden sollten (vgl. u. a. Abdallah-Steinkopff 1999: 13, Haenel 2002: 181). Zugleich kann ein solcher Austausch die Vertrauensbildung innerhalb des Teams aus Therapeut und Dolmetscher verbessern (vgl. Morina 2007: 198, Sejdijaj et al. 2002: 47), was sich wiederum positiv auf den Patienten auswirkt (vgl. Egger/Wedam 2003: 91). Nur vereinzelt wird angegeben, dass beide bei dieser Gelegenheit auch ihre subjektiven Eindrücke austauschen können/sollten (vgl. z. B. Salman 2001: 183). Sehr viel häufiger findet sich dagegen der Hinweis darauf, dass ein Nachgespräch allein schon aus dem pragmatischen Grund zu empfehlen ist, weil ein gemeinsamer Heimweg von Dolmetscher und Patient auf diese Weise verhindert werden kann (vgl. u. a. Abdallah-Steinkopff 1999: 13, Brune/Akbayir 2008: 31, Morina 2007: 198).

Die in diesem Kapitel behandelten Aussagen der befragten Therapeuten haben gezeigt, dass sich sowohl ihre unterschiedlich lange Tätigkeit im therapeutischen Setting als auch ihre jeweilige Sicht auf die Zusammenarbeit mit Dolmetschern durchaus in der Therapiegestaltung niederschlagen: Während die dolmetschgestützte Therapie bei T1 deutliche Parallelen zu den Empfehlungen aus der Literatur aufweist, zeigt T2s Herangehensweise, dass er im Laufe der Jahre seine eigene Sichtweise auf die Therapiesituation zu dritt entwickelt hat und seine Sitzungen dementsprechend gestaltet. Interessant ist nun genauer zu untersuchen, welche Vor- und Nachteile sich für die beiden Therapeuten durch die Anwesenheit eines Dolmetschers ergeben und wo sie jeweils Konfliktpotential sehen.

---

[38] Da bereits in Kapitel 3.2.3 näher darauf eingegangen wurde, ob/zu welchem Zweck die befragten Therapeuten Nachgespräche führen, wird dieser Punkt hier nicht noch einmal im Detail ausgeführt.

3.2.5 Vorteile, Nachteile und Konfliktpotential

Geht es darum, eine Psychotherapie mit Hilfe eines Dolmetschers abzuhalten, wird dies aus Therapeutensicht häufig „immer noch als ungewöhnlich und schwer handhabbar wahrgenommen" (Brune/Akbayir 2008: 33), obwohl inzwischen bekannt ist, wie positiv eine dolmetschgestützte Therapie für den Patienten ist. Als Nachteil wird vor allem die Tatsache gesehen, dass in einer verdolmetschten Sitzung de facto nur halb so viel gesprochen werden kann wie in einer Sitzung ohne Verdolmetschung, da der Dolmetscher alle Äußerungen in die jeweils andere Sprache übertragen muss (vgl. u. a. Brune/Akbayir 2008: 32, Darling 2004: 258). Zugleich erhält der Therapeut zuerst die non-verbalen Informationen wie Mimik, Körpersprache und Intonation vom Patienten, bevor ihm über den Dolmetscher auch die verbalen Äußerungen zugetragen werden (vgl. Haenel 1997: 137, Ruf/Schauer/Elbert 2008: 12). Auch kann der Therapeut dadurch, dass er den Patienten selbst nicht versteht, keine direkten Rückschlüsse aus dem Sprachgebrauch des Patienten ziehen, welcher aber gerade im psychologischen und psychiatrischen Bereich häufig wertvolle Informationen enthält.[39] Außerdem ist es dem Therapeuten nicht möglich, sofort und spontan auf die Äußerungen des Patienten zu reagieren (vgl. Egger/Wedam 2003: 86) oder das Gespräch wieder in die beabsichtige Richtung zu lenken, sollte der Patient vom Thema abschweifen (vgl. Brune/Akbayir 2008: 32). Von einigen Autoren wird allerdings unterstrichen, dass diese Verlangsamung des Therapieprozesses nicht unbedingt nachteilig sein muss: Zum einen erhält der Therapeut so die Gelegenheit, sich Gedanken über den nächsten Therapieschritt zu machen (vgl. Westermeyer 1990: 747), zum anderen bieten sich ihm dadurch, dass durch die Verdolmetschung zwangsläufig Pausen entstehen, mehr Raum für Reflektion sowie die Gelegenheit, sich stärker auf non-verbale Informationen zu konzentrieren (vgl. Egger/Wedam 2003: 86, Ruf/Schauer/Elbert 2008: 13f.).

Auch hinsichtlich der Tatsache, dass in der dolmetschgestützten Therapie ein nicht unbeträchtlicher Teil der Sitzungszeit auf die sprachliche Übertragung entfällt, unterscheidet sich die Haltung der befragten Therapeuten. T1 spricht davon, „dass sich die Therapie [mit Dolmetscher] im Prinzip (...) zeitlich um die Hälfte reduziert, (...) man kann die Hälfte nur von dem bearbeiten, was man eigentlich in einer (...) deutschsprachigen Therapie machen würde" (T1 471-475). Zwar gewinne er durch die Verdolmetschung auch zusätzlich Zeit, welche er – wie bei Westermeyer (1990) erwähnt –

---

[39] Siehe Kapitel 2.3.

dann nutzen könne, um sich noch einmal ins Gedächtnis zu rufen „Was hab ich nochmal gesagt?" (T1 467-468), oder um noch einmal zu reflektieren „Was wär jetzt die nächste Intervention?" (T1 468-469). Aber die Tatsache, dass er Patienten, die sehr weitschweifig oder evasiv antworteten, nicht einfach unterbrechen und das Gespräch wieder in die ursprünglich beabsichtigte Bahn zurücklenken könne, sei etwas, das ihn „an der Arbeit mit Dolmetschern wirklich" (T1 493) störe. Er überlegt im Interview laut, ob er eventuell vorher mit dem Dolmetscher absprechen sollte, ob er ihn in den Fällen, in denen der Patient etwas erzähle, was er als Therapeut gerade „überhaupt nicht wissen" (T1 490) wolle, unterbrechen dürfe. In diesen Situationen habe er immer das Problem, dass er dem Dolmetscher nicht ins Wort fallen wolle und deshalb jedes Mal abwarten müsse, bis dieser mit der Übertragung fertig sei (vgl. T1 475-500), das mache ihn „oft ungeduldig" (T1 489).

T2 ist in diesem Punkt anderer Meinung: Zwar, so erklärt er, sähen viele seiner Kollegen die Sitzung aufgrund der Tatsache, dass die Hälfte der Zeit auf die Verdolmetschung entfalle, als nur halb so lang an wie eine einsprachige Therapiesitzung, aber das sehe er anders. In einer Therapie mit Dolmetscher habe er schlicht andere Möglichkeiten als in einer einsprachigen. Die Zeit, in der gedolmetscht würde, sei für ihn als Therapeuten in keiner Weise verlorene Zeit. Er könne sich – wie von Egger/Wedam (2003) und Ruf/Schauer/Elbert (2008) angesprochen – so viel mehr auf das nonverbale Element und Veränderungen in der Gruppendynamik konzentrieren und die Stimmungen der anderen Therapiebeteiligten sowie Veränderungen in Bezug auf deren Verhalten viel intensiver wahrnehmen. Es biete sich ihm ferner die Gelegenheit, Dingen nachzuspüren; er müsse nicht sofort antworten, sondern könne erst in Ruhe beobachten. All das liefere ihm wertvolle Informationen und sei für ihn die besondere Chance und der große Vorteil der Zusammenarbeit mit Dolmetscher. In einer Therapie ohne Dolmetscher sei für solche Prozesse einfach keine Zeit (vgl. T2 190-204, 352-357).

Gefragt, welche Vorteile er allgemein in der Therapie zu dritt sehe, antwortet T1, dass er sowohl die Möglichkeit schätze, sich mit einem Dritten über den Patienten austauschen zu können, als auch die Tatsache, dass der Dolmetscher ihm häufig hilfreiche kulturelle Hintergrundinformationen liefern könne (vgl. T1 539-541). Auf die Nachteile derselben angesprochen, erwähnt er die folgenden: Obwohl es bei E1 Dolmetscher gebe, die so professionell seien, dass sie „wirklich jedes Hüsteln dazwischen" (T1 159) übertrugen, neigten manche – trotz anderslautender Anweisungen – dazu, „nicht exakt zu dolmetschen" (T1 131) und ausschweifende Schilderungen seitens des Patienten zusammenzufassen[40] oder dem Therapeuten selbige zu erklären (vgl. T1 130-157). Ähnlich äußert sich Morina, die erwähnt, dass gerade unerfahrene Dolmetscher dazu neigten, unklare Äußerungen des Patienten verständlicher zu formulieren, um selbst nicht sprachlich inkompetent zu wirken (vgl. Morina 2007: 185f.). Aufgrund der Bedeutung des sprachlichen Ausdrucks bei der Beurteilung des Patienten berge diese Zensur durch den Dolmetscher das Risiko einer Fehldiagnose und -behandlung (vgl. T1 168-183, Morina 2007: 186). Als weitere Schwierigkeiten führt T1 Spannungen zwischen Dolmetscher und Patient aufgrund ihrer jeweiligen ethnischen Zugehörigkeit an und nennt hierfür zwei Beispiele: Der Einsatz von russischen Dolmetschern für Patienten aus Tschetschenien sei ebenso problematisch wie die Behandlung eines Patienten aus Iran, der sich abwertend über Kurden äußert, mit Hilfe einer kurdischen Dolmetscherin (vgl. T1 91-111). Auch dieses Problem wird in der Literatur mehrfach thematisiert, unter anderem bei Abdallah-Steinkopff (1999: 8) und Brune/Akbayir (2008: 34). Persönliche Antipathien zwischen Dolmetscher und Patient zählt T1 ebenso als mögliches Problem auf. Dass vom Dolmetscher verlangt werde, etwaige Antipathien zu ignorieren, sei sicherlich nicht unproblematisch (vgl. T1 80-86). Allgemein, so T1, gebe es einfach „Probleme, (...) die sich aus der Situation, mit nem Dritten zu arbeiten, ergeben, (...) [welche] selbst der beste Dolmetscher nicht abstellen" (T1 535-537) könne. Gänzlich anders hinsichtlich der Vor- und Nachteile der Zusammenarbeit mit Dolmetschern äußert sich dagegen T2: Für ihn sei es letztlich gleich, ob er eine Therapie mit oder ohne Dolmetscher gestalte (vgl. T2 351). Die Therapie zu dritt würde nur dann problematisch, wenn der Therapeut dem Dolmetscher nichts zutraue und der Auffassung sei, die Verantwortung für alles, einschließlich dessen emotionalen Zustandes, übernehmen zu müssen (vgl. T2 70-73). Probleme in der Zusammenarbeit könne er keine benennen, da, wie er erklärt „alles, (...) was als störend empfunden wird, einfach damit zu tun hat, dass Leute das Dritte als störend empfinden, und das (...) [empfinde er] einfach nicht so" (T2 259-261).

Es ist interessant zu sehen, wie unterschiedlich die beiden Befragten die Therapie zu dritt hinsichtlich etwaiger Vor- und Nachteile bewerten. Viele der möglichen Schwierigkeiten, die T1 anspricht, werden auch in der Literatur so oder so ähnlich erwähnt. Dem gegenüber steht die Position von T2, der sich offensichtlich auch in dieser Beziehung seine ganz eigene Sicht auf

---

[40] In diesem Kontext ist es interessant sich ins Gedächtnis zu rufen, dass T1 an einer anderen Stelle des Interviews behauptet, dass er es bedauere, in den Fällen, in denen sich der Patient ausschweifend und evasiv äußere, aufgrund des Dolmetschers nicht direkt intervenieren zu können (s.o.).

die dolmetschgestützte Therapie erarbeitet hat. Vergleicht man nun die Ansichten von beiden, so bietet sich folgende Schlussfolgerung an: Während T1 die Zusammenarbeit mit Dolmetschern wohl als eine Art Notbehelf versteht und sie hinsichtlich ihrer Vor- und Nachteile mit der Therapiesituation mit zwei Beteiligten vergleicht, ist sie für T2 eher ein völlig anderes Konzept, welches er unabhängig von der therapeutischen Dyade auf seine individuellen Vor- und Nachteile hin beurteilt. Darüber, ob diese verschiedenen Herangehensweisen wieder der unterschiedlich langen Erfahrung hinsichtlich der Therapie mit und ohne Dolmetscher geschuldet sind oder ob nicht vielleicht auch die unterschiedliche Art der Vorbereitung – eher verschult bei T1, eher autodidaktisch bei T2 – eine Rolle spielt, lässt sich nur spekulieren. Es ist anzunehmen, dass die jeweilige Sichtweise der Therapeuten von beiden Faktoren beeinflusst wird.

Nachdem eventuelle Chancen und Schwierigkeiten nun erörtert wurden, bleibt zum einen noch zu klären, wo T1 und T2 in der Zusammenarbeit noch Optimierungspotential sehen, und zum anderen die Frage zu beantworten, zu welchem individuellen Fazit sie jeweils in Bezug auf die Therapie zu dritt kommen.

3.2.6 Optimierungsmöglichkeiten und Fazit

Für eine Verbesserung der Zusammenarbeit zwischen Therapeut und Dolmetscher werden im Allgemeinen regelmäßige Nachgespräche sowie Weiterbildungs- und Supervisionsangebote für die Dolmetscher empfohlen (vgl. u. a. Gurris/Wenk-Ansohn 2009: 486, Haenel 1997: 181, Morina 2007: 201). Darüber hinaus weist Salman darauf hin, dass für den Therapeuten auch der Austausch mit Kollegen oder Patienten hilfreich sein kann, um noch effektiver mit Dolmetschern zusammenarbeiten zu können (vgl. Salman 2001: 183). Ganz ähnliche Überlegungen äußert auch T1, der berichtet, dass er keinen Mangel an Maßnahmen zur Verbesserung der Zusammenarbeit sehe. Bei E1 stehe dank regelmäßiger Nachgespräche, der Weiterbildungsangebote für Dolmetscher und der Dolmetschersupervision ein ganzer Apparat an Möglichkeiten zur Verfügung, um Hindernisse und Schwierigkeiten zu beseitigen (vgl. T1 558-577). Darüber hinaus gebe es für Therapeuten die Möglichkeit, sich bei gemeinsamen Treffen untereinander auszutauschen, um über Fragen zu diskutieren wie „[I]ch hab da Probleme mit dem Dolmetscher, (…) habt ihr ähnliche Probleme?" (T1 564-566). Einen völlig anderen Ansatz zur Optimierung der Therapie zu dritt schildert dagegen T2. Für ihn bestehe ein grundsätzliches Problem darin, dass man den Dolmetscher in dieser Situation schon immer nur als

Beiwerk, nicht aber als *Ergänzung* gesehen habe. Diese Herangehensweise führe zu Unselbstständigkeit auf Seiten des Dolmetschers. Hier bedarf es seiner Meinung nach noch einer Entwicklung hin zu deutlich mehr Selbstständigkeit und Eigenverantwortlichkeit des Dolmetschers, damit dieser wirklich ein gleichberechtigter Experte in der Therapie sein kann. Aufgrund der hohen Arbeitsbelastung würde sich T2 außerdem wünschen, dass die Bezahlung des Dolmetschers mindestens der des Therapeuten entspricht (vgl. T2 267-285). Der Hinweis darauf, dass Dolmetscher im therapeutischen Setting adäquat vergütet werden sollten, findet sich in den von der Autorin gesichteten Werken nur vereinzelt. Einer der wenigen, die sich diesbezüglich äußern, ist Westermeyer[41], der ausdrücklich darauf hinweist, dass es vor allem im Bereich der sehr belastenden Arbeit mit Flüchtlingen nur durch eine angemessene Bezahlung möglich ist, qualifizierte Kräfte anzuwerben und sie zur dauerhaften Tätigkeit in diesem hoch anspruchsvollen Feld zu motivieren (vgl. Westermeyer 1990: 747). Dass der Dolmetscher entsprechend des hohen Schwierigkeitsgrades seiner Arbeit bezahlt werden sollte, erwähnen auch Brune/Akbayir, die allerdings noch im selben Satz darauf hinweisen, dass hierbei die rechtlich ungeklärte Finanzierungsfrage[42] häufig ein großes Problem darstellt (vgl. Brune/Akbayir 2008: 29). Sucht man in der Literatur nach einem abschließenden Fazit hinsichtlich der Therapie zu dritt, fällt dieses im Allgemeinen doch positiv aus, wenn auch in unterschiedlicher Ausprägung. Am einen Ende des Spektrums steht Darling, die darüber schreibt, dass die dolmetschgestützte Therapie zwar möglich und eventuell hilfreich ist, aber dass ihre Arbeit als Psychoanalytikerin dennoch „hindered by the necessity of working with an interpreter colleague" (Darling 2004: 266) ist. Am anderen Ende finden sich beispielsweise von der Lühe, die beschreibt, dass sie den Dolmetscher „fast immer als Bereicherung und Entlastung [erlebe]" (v.d. Lühe 2008: 19) oder Brune/Akbayir, die berichten, dass „[d]as Gefühl, mit einem Dolmetscher eine gute Arbeitsgemeinschaft zu bilden, (…) Freude und Abwechslung ins manchmal einsame Arbeitsleben eines Therapeuten [bringt]" (Brune/Akbayir 2008: 33). Einig ist man sich auf jeden Fall darüber, dass eine Therapie mit Dolmetscher – trotz all der Risiken und Schwierigkeiten, die damit einhergehen – funktionieren kann und eventuell sogar Möglichkeiten bietet, die ohne Dolmetscher nicht gegeben sind.

---

[41] Zwar bezieht sich Westermeyer (1990) konkret auf Dolmetscher, die ursprünglich eine fachliche Ausbildung im medizinischen oder sozialen Bereich durchlaufen haben. Dennoch lässt sich diese Forderung durchaus auch allgemein auf Dolmetscher im therapeutischen Setting übertragen.
[42] Siehe Kapitel 2.4.2.

Das abschließende Fazit von T1 hinsichtlich der dolmetschgestützten Therapie fällt schließlich ambivalent aus: Zwar sei der direkte Kontakt immer besser, weil er dann sofort und unmittelbar auf die Äußerungen des Patienten eingehen könne (vgl. T1 526-528). Dennoch sei er, wie er an mehreren Stellen des Interviews erwähnt, überrascht, wie gut die Therapie trotz/mit Dolmetscher funktioniere. Obwohl er es sich früher nie hätte vorstellen können, funktionierten so sogar Fantasiereisen und hypnotherapeutische Verfahren (vgl. T1 437-457, 524-526, 595-604). Kollegen, die daran zweifelten, dass eine Therapie mit Dolmetscher, mit einem Dritten in der Runde, überhaupt möglich sei, antworte er heute: „Ja es stimmt, das Gleiche hatte ich mir am Anfang ja auch (…) überlegt, und ich bin erstaunt, wie gut das geht" (T1 599-600). Im Gegensatz dazu ist T2s Fazit ausschließlich positiv: Er betont mehrfach, dass er die Arbeitsvoraussetzung bei E2 – vom finanziellen Aspekt einmal abgesehen – als nahezu perfekt empfinde (vgl. T2 62-65, 283). Dies gelte insbesondere in den Fällen, in denen er schon länger und besonders gerne mit einem bestimmten Dolmetscher zusammenarbeite (vgl. T2 126-129). Abschließend lässt sich die Haltung von T2 gegenüber der Therapie mit Dolmetscher am besten in seinen eigenen Worten ausdrücken: „Ich liebe das, so zu arbeiten" (T2 204).

3.2.7 Zusammenfassung

Die Antworten der beiden interviewten Therapeuten eröffnen einen interessanten Einblick in zwei unterschiedliche Konzepte bezüglich der dolmetschgestützten Therapie. Wie es in den meisten Publikationen der Fall ist, vergleicht auch T1 diese eher mit der Therapie mit zwei Beteiligten und bewertet sie dementsprechend bezüglich ihrer Vor- und Nachteile. Er fühlt sich in der Verantwortung dafür zu sorgen, dass der Dolmetscher zufriedenstellend arbeiten kann beziehungsweise arbeitet. Zu dessen Aufgaben zählt er neben der sprachlichen auch die kulturelle Vermittlung sowie – wenn auch nur bis zu einem bestimmten Grad – eine gewisse cotherapeutische Funktion, welche er als Absicherung für seine eigenen Eindrücke und Beobachtungen schätzt. Wie weiter oben erwähnt, bevorzugt er eine Therapie mit zwei Beteiligten gegenüber einer mit dreien, räumt aber dennoch ein, dass letztere zu seinem eigenen Erstaunen deutlich besser funktioniert, als er jemals gedacht hätte.

Dem steht der Ansatz von T2 gegenüber, der die Zusammenarbeit in der therapeutischen Dyade und in der therapeutischen Triade ganz offensichtlich als zwei unterschiedliche Konzepte mit jeweils eigenen Charakteristika versteht. Festzuhalten ist, dass die Therapie mit Dolmetscher für ihn keine

Nachteile, sondern ausschließlich Möglichkeiten mit sich bringt, welche er für seine Arbeit als vorteilhaft empfindet. Nach seinem Verständnis treten Therapeut und Dolmetscher als absolut gleichberechtigte Partner auf, die auf ihren jeweiligen Gebieten Experten sind und dabei keinen Einfluss auf das Gebiet des anderen nehmen. Aus diesem Grund fühlt er sich auch nicht für die Arbeit oder den psychischen Zustand des Dolmetschers verantwortlich. Konfliktpotential sieht er nur dort, wo diese Trennung der Kompetenzbereiche und das ausgewogene Machtverhältnis nicht gegeben sind. Es wird immer wieder deutlich, dass T1 und T2 der dolmetschgestützten Therapie ganz unterschiedlich gegenüberstehen und sie daher auch jeweils anders einschätzen und beurteilen. Der Grund dafür ist sicher, dass die Ausgangsvoraussetzungen bezüglich ihrer Berufserfahrung, ihrer Vorbereitung und ihrer Erfahrung mit der Zusammenarbeit mit Dolmetschern sowie hinsichtlich ihrer therapeutischen Grundausrichtung in beiden Fällen nicht dieselben sind. Im nächsten Kapitel wird es darum gehen, inwieweit sich die beiden befragten Dolmetscher voneinander unterscheiden und wie sich das in ihrer jeweiligen Arbeit niederschlägt.

3.3 Dolmetscherinterviews

3.3.1 Hintergrund und Einstieg ins psychotherapeutische Setting

Aus der Sicht des Dolmetschers unterscheidet sich die Tätigkeit im psychotherapeutischen Setting in zwei wesentlichen Punkten von der in anderen Bereichen: Erstens entwickelt sich im therapeutischen Kontext eine vertrauensvolle Beziehung zwischen Dolmetscher und Patient, da der Dolmetscher den Therapieprozess – vorausgesetzt, es treten keine Probleme auf, die einen Wechsel in der Besetzung nötig machen – normalerweise über die gesamte Dauer begleitet (vgl. Miller et al. 2005: 28). Schließlich ist für eine erfolgreiche Therapie nicht nur Vertrauen zwischen Patient und Therapeut nötig, sondern auch zwischen Patient und Dolmetscher. Ein solches Vertrauensverhältnis kann sich nur entwickeln, wenn über einen längeren Zeitraum in der gleichen Besetzung zusammengearbeitet wird (vgl. Haenel 2002: 181, Salman 2001: 176). Zweitens sind die Themen, die in Therapiesitzungen zur Sprache kommen, im Gegensatz zum Dolmetschen in anderen Bereichen, häufig emotional sehr belastend. Aus diesen Gründen ist für Dolmetscher, die im therapeutischen Kontext tätig werden, auch eine andere Ausbildung indiziert als für ihre Kollegen in anderen Settings (vgl. Miller et al. 2005: 28). Wie in Kapitel 2.4.2 bereits erwähnt, sind die Dolmetscher in diesem Bereich meist selbst Migranten oder Flüchtlinge, die von

Seiten der jeweiligen Einrichtung auf den Einsatz vorbereitet werden, wobei es in Deutschland jedoch keine verpflichtenden Richtlinien hinsichtlich des Inhalts der vorbereitenden Schulung gibt. Was den Einsatz von Migranten und Flüchtlingen allgemein angeht, so ist dieser zwar nicht völlig unproblematisch, aber vor allem unter pragmatischen Gesichtspunkten letztlich dennoch empfehlenswert. Hat ein Dolmetscher selbst Erfahrungen gemacht, die denen des Patienten ähneln, ist es durchaus möglich, dass die Erinnerung an eigene Erlebnisse durch die Arbeit mit dem Patienten wieder geweckt und der Dolmetscher dadurch psychisch so stark belastet wird, dass er sich nicht mehr auf die Sprachmittlung konzentrieren kann[43] (vgl. Miller et al. 2005: 34, Ruf/Schauer/Elbert 2008: 10). Als Vorteile des Einsatzes von geschulten Migranten können dagegen folgende genannt werden: Zunächst einmal sind für einige Sprachen einfach keine Dolmetscher ohne Migrationshintergrund vorhanden. Darüber hinaus verfügen Dolmetscher aus dem Heimatland des Patienten neben den sprachlichen auch über kulturelle Kenntnisse, die sie gegebenenfalls an den Therapeuten weitergeben können[44]. Außerdem kann es sich auf den Patienten beruhigend auswirken, wenn jemand aus seinem eigenen Kulturkreis anwesend ist, der eventuell ähnliche Erfahrungen gemacht hat wie er selbst. Dies kann die Angst des Patienten, der Therapeut könne nicht verstehen, was er, der Patient, erlebt hat, lindern (vgl. Miller et al. 2005: 34f.), auch wenn der Dolmetscher nicht aktiv die Rolle des Fürsprechers für den Patienten übernimmt. Schließlich kommt auch noch der in Kapitel 2.4.2 erwähnte finanzielle Faktor hinzu: Konferenzdolmetscher sind für die meisten Institutionen, die dolmetschgestützte Therapien anbieten, schlichtweg zu teuer (vgl. Salman 2001: 172, Tosic-Memarzadeh et al. 2003: 13). Daher kommen Miller et al. in ihrer Studie zu dem Schluss, dass

the merits of using refugees as interpreters far outweigh the potential problems and that problematic reactions can often be avoided (…) by providing thorough training to new interpreters, and by (…) [providing] ongoing supervision to interpreting staff. (Miller et al. 2005: 34)

Auch D1 hat einen Migrationshintergrund und ist kein ausgebildeter Konferenzdolmetscher. Im von ihm verdolmetschten Interview mit P1 arbeitet er konsekutiv ohne Notizen, spricht vereinzelt in der dritten Person Singular über den Patienten und macht gelegentlich persönliche Bemerkungen.[45]

---

[43] Zur psychischen Belastung des Dolmetschers siehe Kapitel 3.2.3 und 3.3.3.

[44] Zur Rolle des Dolmetschers siehe Kapitel 3.2.3 und 3.3.3.

[45] Siehe Transkript des Interviews mit P1 im Anhang.

Auf die Frage hin wo er seine Sprachkenntnisse erworben habe, antwortet D1, dass Kurdisch[46] seine Muttersprache sei, seine Schulbildung auf Farsi stattgefunden und er Deutsch im deutschsprachigen Teil Mitteleuropas gelernt habe (vgl. D1 26-28). Dass er als Dolmetscher bei E1 anfing habe sich „so nebenbei ergeben" (D1 49): Ursprünglich sei er auf der Suche nach einer Stelle als Sozialpädagoge gewesen. Auf seine Nachfrage hin, ob er sich bei E1 bewerben könne, habe man ihm geantwortet, dass man gerade nicht auf der Suche nach einem solchen, wohl aber nach Dolmetschern sei (vgl. D1 16-20).

Im Gegensatz zu D1 hat D2 keinen Migrationshintergrund. Er hat Übersetzen und Dolmetschen mit Deutsch, Russisch und Französisch im deutschsprachigen Teil Mitteleuropas studiert. Nach erfolgreichem Abschluss seines Studiums ist er nun dabei, sich selbstständig zu machen (vgl. D2 17-19, 36-37). Im Interview mit P2 dolmetscht er konsekutiv mit Hilfe von Notizen, überträgt die Äußerungen ausnahmslos in der ersten Person Singular und fällt an keiner Stelle aus der Dolmetscherrolle. D2 berichtet, dass er über Bekannte dazu gekommen sei, im therapeutischen Setting zu arbeiten: Mehrere ehemalige Kommilitonen seien zum Teil direkt nach ihrem Studienabschluss von E2 angeworben worden. Auf diese Weise sei er auf die Organisation aufmerksam geworden und habe sich schon „früher überlegt, dass (...) [er] da gerne arbeiten würde" (D2 47). Eine Kollegin, die ihre Stelle dort aufgeben wollte, um ins Ausland zu gehen, habe ihn schließlich angesprochen und so sei er, D2, bei E2 gelandet (vgl. D2 47-49).

Die beiden befragten Dolmetscher unterscheiden sich also sowohl hinsichtlich ihres persönlichen als auch bezüglich ihres fachlichen Hintergrundes deutlich voneinander. Auch in Bezug auf die Klientel, die in den beiden Einrichtungen betreut wird, gibt es, wie bereits erwähnt, Unterschiede: Während man sich bei E1 hauptsächlich auf die Behandlung von Folteropfern konzentriert, wendet sich E2 als Einrichtung für interkulturelle Psychotherapie an ein breiteres Zielpublikum. Außerdem ist zu berücksichtigen, dass D1 und D2 mit Therapeuten zusammenarbeiten, die im direkten Vergleich eine völlig unterschiedliche Herangehensweise an die dolmetschgestützte Therapie haben.[47] Aufgrund dieser verschiedenartigen

---

[46] Da der Autorin leider keine Kontaktdaten von D1 vorliegen, war es im Nachhinein nicht möglich zu klären, welchen der zahlreichen Dialekte der kurdischen Sprache (in Iran als *Kurdi* bezeichnet (vgl. Bibliographisches Institut & F. A. Brockhaus AG (2))) D1 als seine Muttersprache bezeichnet; da er *Sorani* bei seinen Sprachkenntnissen gesondert von *Kurdisch* aufführt ist davon auszugehen, dass dies nicht seine Muttersprache ist.

[47] Siehe Kapitel 3.2.

Ausgangsvoraussetzungen ist zu erwarten, dass es auch bei den Dolmet-schern Unterschiede hinsichtlich ihrer Sicht auf und Herangehensweise an die Therapie zu dritt geben wird. Zunächst aber gilt es zu klären, wie beide von Seiten der jeweiligen Einrichtung auf ihren ersten Einsatz im psycho-therapeutischen Setting vorbereitet wurden.

Wie bereits in Kapitel 2.4.2 erwähnt, gibt es im deutschsprachigen Teil Mitteleuropas keine verbindlichen Richtlinien dafür, was eine Schulung für Dolmetscher im therapeutischen Setting beinhalten muss. Noch nicht ein-mal die Schulung selbst ist verpflichtend. Fest steht jedoch, dass Sprach-kenntnisse alleine nicht ausreichen und eine solche daher in jedem Fall nö-tig ist, selbst in den Fällen, in denen ausgebildete Konferenzdolmetscher eingesetzt werden (vgl. Tosic-Memarzadeh et al. 2003: 13). Über den In-halt einer vorbereitenden Schulung herrscht ein breiter Konsens darüber, dass diese im Idealfall die folgenden Punkte beinhalten sollte: Grundwissen zu psychischen und gegebenenfalls psychiatrischen Störungen einschließ-lich deren Symptome und Behandlung; Aufklärung über die komplexe emotionale Interaktion in der Triade sowie Strategien zum Schutz vor Burn-outs oder stellvertretenden Traumatisierungen (vgl. u. a. Gurris/ Wenk-Ansohn 2009: 485, Morina 2007: 192f., v. Törne 2009: 12). Gele-gentlich wird auch geraten, im Rahmen der Schulung die Besonderheiten der jeweils relevanten Gesundheitssysteme zu erörtern (vgl. Morina 2007: 192, Salman 2001: 184) und die für die Arbeit mit Migranten und Flücht-lingen relevante Terminologie sowie rechtliche Aspekte zu vermitteln (vgl. Gurris/Wenk-Ansohn 2009: 485, v. Törne 2009: 12). Im Idealfall sollten zu den genannten sowie ähnlichen Themen regelmäßig Fortbildungen für die Dolmetscher angeboten werden, die darüber hinaus auch die Möglichkeit haben sollten, eine eigens an ihre Bedürfnisse angepasste Supervision be-suchen zu können (vgl. Haenel 2002: 181, Morina 2007: 193, 201).

Auf die Frage nach seiner Vorbereitung für die Arbeit im therapeutischen Setting antwortet D1 folgendes: Im Rahmen eines Erstgesprächs habe man ihm ein „bisschen erklärt, worum es geht" (D1 42-43), was er dolmetschen solle und was er zu erwarten habe; außerdem habe er am Anfang regelmä-ßig am Dolmetschertreffen teilgenommen, in dessen Rahmen man sich mit Kollegen austauschen könne. Auch die für Dolmetscher monatlich angebo-tene Supervision habe er in Anspruch genommen (vgl. D1 42-47, 56-60). D1 erklärt, dass er auf seine erste Sitzung „gut vorbereitet" (D1 65) gewe-sen sei, obwohl er sich im Voraus „nicht wirklich" (D1 53) Fachkenntnisse zur Psychotherapie angeeignet habe. Nach seinen ersten Einsätzen habe er festgestellt, dass die Arbeit für ihn „okay" (D1 49) sei – seitdem arbeite er nebenbei als Dolmetscher für E1 (vgl. D1 33-34, 47-50).

D2 erzählt, dass er zur Vorbereitung auf seinen ersten Einsatz ein halbtägiges Seminar besucht habe, welches von einer schon länger bei E2 tätigen Dolmetscherkollegin abgehalten worden sei. Teil dieses Seminars seien unter anderem Rollenspiele gewesen, die den künftigen Dolmetschern einen ersten Eindruck von der Therapiesituation vermitteln sollten (vgl. D2 52-56, 326-329). Außerdem habe es ein Gespräch mit der Leiterin der Einrichtung und einer Therapeutin darüber gegeben, „wie eben gedolmetscht werden soll[e]" (D2 58). Aufgrund eines Vortrags an der Universität und dank der Schilderungen seiner Bekannten habe er schon ein gewisses Vorwissen mitgebracht, als er seine Tätigkeit bei E2 aufnahm (vgl. D2 59-62). Zusätzlich habe er versucht, sich das zu erwartende Vokabular anzueignen (vgl. D2 65-66). Da er sich sowohl in thematischer als auch in terminologischer Hinsicht nicht ausreichend auf seinen ersten Einsatz vorbereitet gefühlt habe, habe er sich an eine erfahrenere Kollegin bei E2 gewandt. Die habe ihm nur gesagt „Ja (…) was willst du jetzt vorbereiten? Geh doch einfach hin, das geht schon!" (D2 302-303). In der Retrospektive erklärt D2, dass sein Versuch, sich auf eventuell verwendetes Vokabular vorzubereiten, ohnehin sinnlos gewesen sei, da „einfach sowieso alles [komme] und man (…) sich eher schlecht auf die Dinge vorbereiten [könne]" (D2 68-69). Auch seien wichtige Aspekte in den Rollenspielen des Einführungsseminars zwar thematisiert worden, „aber so richtig (…) [bekomme] man's dann erst in der ersten Sitzung mit" (D2 329-330). Insgesamt sei das Dolmetschen im psychotherapeutischen Setting eine Arbeit, bei der man einfach im Laufe der Zeit Erfahrungen sammeln und aus diesen lernen müsse (vgl. D2 314-317).

In beiden Einrichtungen lag das Hauptaugenmerk in der Vorbereitung also offensichtlich weniger auf psychologischem oder psychiatrischem Fachwissen, als vielmehr auf der Art der Verdolmetschung selbst. Bereits anhand der jeweiligen Vorbereitung von D1 und D2 lässt sich eindeutig der Unterschied bezüglich ihres fachlichen Hintergrundes erkennen: Während D1 sich nach der von E1 angebotenen Einführung gut vorbereitet fühlte und mit diesem Gefühl einfach seine praktische Tätigkeit aufnahm, hat D2 versucht, im Vorfeld noch mehr fachliche und terminologische Informationen zu sammeln, wie man es von einem ausgebildeten Konferenzdolmetscher erwarten würde. Wie aber sehen die beiden Dolmetscher nun die Zusammenarbeit in der Therapie? Wo sehen sie Konfliktpotential und wann würden sie einen Auftrag ablehnen?

3.3.2 Zusammenarbeit in der Therapie

Die Bedeutung von Vor- und Nachgesprächen für die Zusammenarbeit zwischen Therapeut und Dolmetscher wurde bereits in Kapitel 3.2.4 erörtert. In Übereinstimmung mit T1 erklärt D1, dass es bei E1 nur in Ausnahmefällen Vorgespräche gebe, wohingegen aber regelmäßig Nachgespräche geführt würden, innerhalb derer die Möglichkeit zum Austausch mit dem Therapeuten bestünde (vgl. D1 128-131, 144-145). Dabei gehe es in erster Linie um den Dolmetscher und um mögliche Missverständnisse, Probleme bei der Verdolmetschung sowie um die Deutlichkeit in den Ausführungen des Patienten (vgl. D1 150-153). Des Weiteren führt D1 aus, dass die Nachbesprechung mit dem Therapeuten für ihn als Dolmetscher auch eine Gelegenheit sei, über in der Sitzung behandelte, für ihn psychisch besonders belastende Themen zu sprechen (vgl. D1 72-75). Folglich decken sich die Ausführungen von D1 auch im Hinblick auf den Inhalt des Nachgesprächs mit den Schilderungen von T1. Da D1 schon länger in der Einrichtung arbeitet als T1 und somit auch bereits zahlreiche Erfahrungen mit anderen dort tätigen Therapeuten sammeln konnte ist anzunehmen, dass die Gestaltung der Vor- und Nachgespräche – ganz ähnlich wie die Vorbereitung der Therapeuten – bei E1 standardisiert ist.

D2 berichtet ebenfalls, dass Vorgespräche selten seien. Meist gebe es vor der ersten Sitzung mit einem neuen Patienten ein kurzes Briefing von Seiten des Therapeuten, wobei zu diesem Zeitpunkt oft nur wenige Informationen über den Patienten vorlägen (vgl. D2 206-210). Häufiger gebe es Nachgespräche, in denen es zum einen um den Zustand des Patienten und zum anderen um dolmetschrelevante Aspekte gehe, beispielsweise darum, ob man sich als Dolmetscher persönlich zu sehr eingebracht habe (vgl. D2 212-218). Auch gebe es im Falle von psychisch belastenden Sitzungen „die Möglichkeit (…) sofort nach der Therapiestunde mit dem Therapeuten das zu besprechen" (D2 105-106). Allerdings würden diese Gespräche immer seltener, je länger man in diesem Setting tätig sei und je mehr Erfahrung man somit schon gesammelt habe (vgl. D2 106-108, 219-220). D2s Beschreibung, dass Nachgespräche mit dem Therapeuten mit wachsender Erfahrung auf Dolmetscherseite immer seltener werden, erinnern an die Meinung von T2, dass die eigene Psychohygiene in den Aufgabenbereich des Dolmetschers falle. Überraschend ist dagegen, dass D2 im Gegensatz zu T2 erwähnt, dass er das Nachgespräch auch als Gelegenheit zur Manöverkritik in Bezug auf die Arbeitsweise des Dolmetschers sieht. Offensichtlich ist die Auffassung, dass der Dolmetscher ein gleichberechtigter Experte auf seinem Gebiet ist, in welches der Therapeut nicht einzugreifen hat, bei E2 nicht allgemein verbreitet, sondern vielmehr eine Überzeugung, die nur T2 vertritt.

In Bezug auf die Sitzung an sich wird in den meisten Empfehlungen darauf hingewiesen, dass die anderen Teilnehmer in der Therapie berücksichtigen sollten, dass der Dolmetscher ihre Äußerungen übertragen muss (vgl. u. a. Abdallah-Steinkopff 1999: 12f., Gurris/Wenk-Ansohn 2009: 486, v. Törne 2009: 14). D1 bejaht die Frage danach, ob das seiner Erfahrung nach in der Praxis der Fall sei: Sobald Therapeut und Patient wüssten, wie er arbeite und wie lang die Ausführungen sein dürften, die er übertragen könne, achteten beide darauf, sich an diese Vorgabe zu halten (vgl. D1 103-105). Auch könne er sich nicht daran erinnern, dass überhaupt schon einmal Schwierigkeiten in der Therapie zu dritt aufgetreten seien, berichtet D1 (vgl. D1 136), der auch im weiteren Verlauf des Interviews kein mögliches Konfliktpotential mehr erwähnt. Anders als D1 erklärt D2, dass es letztlich immer von Therapeut und Patient abhänge, wie die Situation gehandhabt werde. Dennoch habe er das Gefühl, dass im Großteil der Fälle Rücksicht darauf genommen werde, dass er die Äußerungen in die jeweils andere Sprache übertragen müsse (vgl. D2 161-165). Probleme könnten allerdings dann auftreten, wenn Therapeut oder Patient so in ihrem eigenen Redefluss aufgingen, dass sie kaum noch zu bremsen seien und er das Gefühl habe, er komme „gar nicht zum Dolmetschen" (D2 337). Bei einigen Therapeuten ändere sich in dieser Hinsicht trotz mehrmaliger Hinweise von seiner Seite nichts (vgl. D2 294-296).[48] Ein anderes Problem seien des Deutschen mächtige Patienten, welche die Dolmetschleistung aufgrund ihrer eigenen Sprachkenntnisse als defizitär beurteilten (vgl. D2 223-226). Von den sprachlichen Hindernissen einmal abgesehen, sieht D2 eine weitere Schwierigkeit der Therapie zu dritt in folgendem Umstand: Mitunter gebe es durchaus Patienten, die ihm sympathisch seien und mit denen er gerne auch außerhalb der Therapie Kontakt hätte – was ihm aber ja aufgrund der Regeln von E2 untersagt sei (vgl. D2 266-276). In Bezug auf diesen Punkt ist auffällig, dass D1, der schon jahrelang im therapeutischen Setting dolmetscht, überhaupt kein Konfliktpotential sieht, wohingegen D2, der im gleichen Bereich erst seit vergleichsweise kurzer Zeit arbeitet, sich durchaus einige problematische Situationen vorstellen kann. Möglicherweise lässt sich dieser Umstand dadurch erklären, dass D2 im Rahmen seiner universitären Ausbildung in Bezug auf derartige Schwierigkeiten sensibilisiert wurde, wohingegen D1 eine solche überhaupt nicht durchlaufen hat.

---

[48] In diesem Zusammenhang ist es interessant, sich die Aussage von T2 ins Gedächtnis zu rufen, der seine eigene Ausdrucksweise in der Therapie als „egomanisch" (T2 181) beschrieb (siehe Kapitel 3.2.4).

Auf die Frage, unter welchen Umständen er die Zusammenarbeit mit einem Patienten ablehnen würde, führt D1 zwei Gründe an: zum einen, falls er keine Zeit hätte, und zum anderen, wenn es sich bei dem potentiellen Patienten um jemanden handele, der andere Menschen gefoltert habe. Glücklicherweise sei dieser Fall noch nie eingetreten, erzählt er. Als die Frage nach der Verdolmetschung für einen solchen Patienten einmal im Raum gestanden habe, habe man darauf verzichtet, ihn damit zu beauftragen, weil man Täter und Folteropfer nicht in der Therapiesituation nebeneinander habe setzen wollen (vgl. D1 232-239). D2 erklärt, dass er einen Dolmetschauftrag dann ablehnen würde, falls er einen Patienten vor Therapiebeginn bereits im Zuge seiner Arbeit bei Gericht kennengelernt haben sollte. Das gleiche Kriterium lege er umgekehrt auch für seine Aufträge bei Gericht an (vgl. D2 281-285). An dieser Stelle wird eine unterschiedliche Sichtweise auf die Zusammenarbeit in der Therapie deutlich: Während D2 einen Patienten aus berufsethischen Gründen ablehnen würde, weil er es, wie er sagt, „einfach zu vermischend" (D2 284-285) fände, sollte er diesen bereits aus einem anderen Setting kennen, geben bei D1 persönliche und biographische Faktoren den Ausschlag. Betrachtet man in diesem Kontext aber nicht nur die unterschiedliche Ausbildung der beiden Dolmetscher, sondern jeweils auch die Klientel, mit der sie arbeiten, sowie ihren persönlichen Hintergrund, so überrascht es nicht, dass sie unterschiedliche Beweggründe dafür haben, die Zusammenarbeit mit einem Patienten abzulehnen. Wie aber wirken sich die eben angesprochenen Faktoren auf das Rollenverständnis und die psychische Belastung der beiden befragten Dolmetscher aus?

3.3.3 Rolle und psychische Belastung des Dolmetschers

Die Frage, in welchen unterschiedlichen Rollen der Dolmetscher von Therapeutenseite und in der Literatur gesehen wird, wurde in Kapitel 3.2.3 bereits ausführlich erörtert. Aber in welcher Rolle sehen sich die befragten Dolmetscher selbst und inwieweit deckt sich ihr persönliches Empfinden mit den Ansprüchen der beiden interviewten Therapeuten?

D1 erklärt, dass er sich sowohl als Sprach- als auch als Kulturmittler verstehe, wobei er „ehrlich gesagt [versuche], Sprachmittler [zu] bleiben, (…) das ist die Grenze" (D1 218-219). Letztlich kommunizierten Therapeut und Patient direkt miteinander und er sei „nur die Stimme (…) auf zwei Sprachen" (D1 110-112). Natürlich gebe es immer wieder Situationen, in denen in kultureller Hinsicht Klärungsbedarf bestehe, beispielsweise wenn sich Therapeut und Patient aufgrund kultureller Unterschiede nicht verstünden.

In diesen Momenten könne er insofern eine große Hilfe sein, so D1, als er die beiden anderen Beteiligten auf das Verständigungsproblem aufmerksam machen und dazu motivieren könne, dem jeweils anderen Gesprächspartner das Verständnis durch mehr Hintergrundinformationen zu ermöglichen. D1 räumt ein, dass diese Art der Vermittlung nur möglich sei, wenn der Therapeut dem Dolmetscher genug Freiraum lasse, eine solche auch einzuleiten. Er habe aber die positive Erfahrung gemacht, dass ihm von Therapeutenseite immer die Möglichkeit gegeben worden sei, auf Erklärungsbedarf hinzuweisen (vgl. D1 114-122, 219-222). Hin und wieder komme es auch vor, dass er im Rahmen des Nachgesprächs nach seinem Eindruck vom Patienten gefragt werde, erklärt D1: Dadurch, dass er hören könne, „mit welche[r] Stimme und mit welche[n] Gefühle[n]" (D1 154) der Patient seine Gedanken zum Ausdruck bringe, habe er schließlich einen direkteren Zugang zu dem, was der Patient sage, als ein dessen Sprache nicht mächtiger Therapeut (vgl. D1 150-156). Die Schilderungen von D1 decken sich mit dem Rollenverständnis, welches T1 zum Ausdruck gebracht hat: Zwar erklärt D1, sich in erster Linie als Sprachmittler zu verstehen und sich zu bemühen, hauptsächlich diese Rolle einzunehmen. Zugleich wird anhand seiner weiteren Ausführungen jedoch deutlich, dass er daneben zum einen auch als Kulturmittler auftritt und zum anderen auf Wunsch des Therapeuten auch seinen Eindruck vom Patienten mit diesem bespricht und somit bei Bedarf auch die von T1 beschriebene Rolle des Co-Therapeuten einnimmt.

Das Rollenverständnis von D2 ist dagegen ein völlig anderes. Er lässt keinen Zweifel daran, dass er sich ausschließlich als Sprachmittler versteht: An keiner Stelle erwähnt er, dass er auch die kulturelle Vermittlung oder die Aufklärung von Missverständnissen zu seinen Aufgaben zählt. Vielmehr berichtet er, dass man im Laufe der Arbeit mitbekomme, dass man „immer alles dolmetschen (…) [solle] und (…) sich das Missverständnis dann so klärt, ohne (…) Intervention vom Dolmetscher" (D2 179-181). Je länger ein Patient in die Therapie komme, desto mehr würde der Austausch in der Sitzung zu einem wirklichen Dialog zwischen diesem und dem Therapeuten. Natürlich habe er, D2, jederzeit die Möglichkeit, sich im Falle einer falschen Verdolmetschung zu korrigieren. Auch könne er die beiden anderen Beteiligten im Falle eines Missverständnisses auf selbiges aufmerksam machen. Allerdings bemühe er sich, in diesen Fällen so selten wie möglich zu intervenieren (vgl. D2 168-170, 181-185). Darüber hinaus komme es vereinzelt vor, dass sich der Therapeut erkundige, wie er als Dolmetscher den Patienten erlebe. Das könne zum Beispiel dann geschehen, wenn man schon länger in einer bestimmten Triade zusammenarbeite und der Therapieprozess stocke. Allerdings, so D2, fühle er sich nicht in der Position, „da viel zu sagen" (D2 245), schließlich sei „das (…) doch hier nicht (…) [seine] Arbeit" (D2 245-246). Er könne dem Therapeuten zwar seinen persönlichen Eindruck mitteilen, aber nicht mehr (vgl. D2 246-247). In Übereinstimmung mit der Auffassung von T2 versteht D2 sich also lediglich als Sprachmittler und trennt scharf zwischen dem, was damit in seinen Aufgabenbereich fällt – die Verdolmetschung – und dem, wofür der Therapeut zuständig ist – die Gesprächsführung sowie die Beurteilung des Patienten.

Dass die Arbeit im therapeutischen Setting für Therapeuten, Dolmetscher und andere Angestellte entsprechender Einrichtungen mit einer großen psychischen Belastung einhergeht, und das vor allem dort, wo es um die Behandlung von Kriegs- und Folteropfern geht, wurde in den Kapiteln 2.2 und 3.2.3 schon angesprochen. Im Falle der Dolmetscher kommt der bereits erwähnte Faktor hinzu, dass sie häufig selbst als Flüchtlinge oder Migranten ins Aufnahmeland kamen. Diese eingewanderten Dolmetscher sind in mehrerlei Hinsicht stärker gefährdet als ihre Kollegen (andere Dolmetscher, aber auch Therapeuten und sonstige Angestellte) ohne Migrationshintergrund: Sie neigen zu einem stärkeren Gefühl der Verbundenheit mit dem Patienten, da sie dessen Äußerungen „»ungefiltert«[49], in ihrer Muttersprache" (v. Törne 2009: 12) hören. Dieser Effekt wird dann, wenn das Heimatland des Patienten auch ihr eigenes ist, noch einmal verstärkt (vgl. Morina 2007: 199). Darüber hinaus haben diese Dolmetscher vielfach selbst Erfahrungen gemacht, die denen der Patienten, für die sie dolmetschen, ähneln. Durch die sprachliche Übertragung von Flucht-, Gewalt- und Kriegserfahrungen, die sie an ihre eigene schmerzliche Vergangenheit erinnern, können längst überwunden geglaubte Traumata wieder wachgerufen werden: Es kommt zur Retraumatisierung (vgl. u. a. Abdallah-Steinkopff 1999: 14, Miller et al. 2005: 34f., v. Törne 2009: 13). In Bezug auf die Verdolmetschung können ähnliche Erfahrungen auch insofern eine mögliche Fehlerquelle sein, als der Dolmetscher unter Umständen seine eigenen Gefühle und Erlebnisse unbewusst auf die des Patienten überträgt oder aufgrund seiner eigenen Betroffenheit nicht mit der Sprachmittlung fortfahren kann. Denkbar ist auch, dass der Dolmetscher sich aus Gründen des Selbstschutzes so deutlich emotional distanziert, dass seine Verdolmetschung den Patienten nicht mehr realitätsgetreu darstellt, oder sich vom Gehörten so betroffen zeigt, dass der Patient seine Schilderungen nicht weiter ausführen will (vgl. Tosic-Memarzadeh et al. 2003: 34). Unabhängig von ihrer Herkunft besteht für Dolmetscher außerdem das Risiko einer

---

[49] Anführungszeichen im Original.

stellvertretenden Traumatisierung[50], welche aufgrund einer zu starken Identifikation mit dem Patienten und seiner traumatischen Erfahrung entsteht. Eine hohe Arbeitsbelastung birgt zudem das Risiko eines Burn-outs (vgl. u. a. d'Ardenne et al. 2007: 308, Frey 2007: 239ff.). Deshalb wird in der Literatur an vielen Stellen auf die Notwendigkeit hingewiesen, den Dolmetschern – neben der Supervision – auch im Rahmen ihrer Vorbereitung Mittel an die Hand zu geben, die es ihnen ermöglichen, das Gehörte zu verarbeiten (vgl. u. a. Morina 2007: 201, Tosic-Memarzadeh et al. 2003: 38f., Wedam 2009: 194).

D1 ist ein sehr gutes Beispiel dafür, wie belastend die Arbeit für den Dolmetscher sein kann. Die hohe psychische Belastung, die mit seiner Arbeit einhergeht, thematisiert er durch das ganze Gespräch hinweg immer wieder. Diese hat sowohl mit der Klientel zu tun, die bei E1 behandelt wird, als auch mit seiner eigenen Biografie. Da man bei E1 auf die Behandlung von Folteropfern spezialisiert ist, stünden, wie D1 berichtet, „ständig Schmerzsachen, ständig Schmerzerlebnisse" (D1 83) im Mittelpunkt der Therapie:

Da, wo der Patient über seine Folter detailliert (…) [spricht] und sagt was man (…) [ihm] angetan hat und wie und so, (…) das sind sehr schmerzhafte Sachen, die man auch (…) erstmal hört und dann weitergibt. Das ist nicht einfach, (…) das ist Folter (…) und das tut weh, (…) es (…) geht in dir rein in den Knochen und (…) sozusagen man fühlt auch diese Sachen, diese Schmerz[en] in sich. Und deswegen denke ich, es ist nicht so eine sehr leichtgemachte Sache hier (…). Einfach nur Sprache, es ist nicht einfach nur Sprache. (D1 175-184)

D1 gibt an, dass er sehr oft noch im Nachhinein unter dem in der Therapie Gehörten leide. Dies erklärt sich aber nur zum Teil aus den angesprochenen Inhalten. Mindestens ebenso wichtig ist in diesem Zusammenhang seine eigene Biografie: D1 beschreibt, dass er, da er selbst gefoltert worden sei, bei den Schilderungen der Patienten häufig sofort selbst Bilder von früher vor Augen habe: Wenn ein Patient erzähle, wie jede Nacht „Leute aus den Zellen rausgebracht und hingerichtet" (D1 71) worden seien, wisse er sofort, wovon dieser spreche, weil er die gleiche Situation selbst erlebt habe. Bei der Verdolmetschung erlebe er die Gefühle des Patienten noch einmal am eigenen Leib, was er als sehr schmerzhaft und sehr „traurig" (D1 187) beschreibt (vgl. D1 67-72, 191-192). Eine gewisse Entlastung könne er dadurch erfahren, dass er mit dem Therapeuten über besonders belastende Situationen spreche; auch die Supervision sei in diesem Zusammenhang

---

[50] Das gleiche Risiko besteht auch für alle anderen in der Traumatherapie Tätigen (vgl. Frey 2007: 239f.).

hilfreich. Allerdings sei er selbst inzwischen aus Zeitgründen schon länger nicht mehr hingegangen (vgl. D1 73-75, 90-96). Jeder müsse selbst herausfinden, ob und wenn ja, wie er mit dieser Arbeit, die immer von Schmerzen und starken Emotionen geprägt sei, zurechtkäme, so D1. Man müsse seinen eigenen Weg finden, sich emotional zu entlasten, um keine langfristige Schädigung davonzutragen. Vor allem für sensible Menschen sei das sehr schwer. Viel Erfahrung in diesem Setting sei von Vorteil, wenn es darum gehe, mit dem Gehörten umzugehen. Dank seiner langjährigen Tätigkeit bei E1 habe er diesbezüglich inzwischen seine eigene Methode gefunden, erklärt D1: Er versuche, alles, was ihn nicht belastet habe, zu vergessen, sobald er E1 verlasse. Manchmal gelinge das jedoch nicht, manche Themen ließen ihn die ganze Woche nicht mehr los. In diesen Fällen müsse er eventuell später noch einmal auf den Therapeuten zugehen. Im Prinzip seien diese beschriebenen Maßnahmen „die Kleinigkeiten, die helfen" (D1 76-77), aber dennoch sei diese Arbeit keine einfach zu erledigende (vgl. D1 77-86, 183-194).

Betrachtet man nun, wie sich D2 zu dem äußert, was er in der Therapie zu dritt als besonders belastend empfindet, lässt sich feststellen, dass sich die Belastung für ihn aus anderen Komponenten zusammensetzt. Zwar berichtet auch D2, dass der Umgang mit den in den Sitzungen angesprochenen Themen für ihn nicht immer einfach sei (vgl. D2 104-105). Allerdings führt er diesen Punkt nicht weiter aus, sondern geht nahtlos zu der Bemerkung über, dass für ihn einer der schwierigsten Aspekte dieser Arbeit der sei, den Anspruch erfüllen zu müssen, „so neutral wie möglich [zu] sein" (D2 114). Obwohl man „eben nur der Dolmetscher" (D2 111) sei, werde man „irgendwie einfach automatisch (…) einbezogen (…) und (…) [bekomme] was mit von den Gefühlen, die da irgendwie sind" (D2 112-113) und könne deshalb die einem abverlangte Neutralität nicht immer einhalten (vgl. D2 276-278). Dieses Thema finde häufig Erwähnung bei Diskussionen unter Kollegen, sowohl im Rahmen der Austauschtreffen für die Dolmetscher und die Leiterin von E2 als auch bei der viermal im Jahr angebotenen Gruppensupervision für Dolmetscher unter der Leitung einer externen Therapeutin (vgl. D2 76-80, 86-88, 109-115). D2 führt aus, dass er sich bemühe, die Supervision, welche gut auf die Dolmetscher zugeschnitten sei, regelmäßig zu besuchen: Es bestünde dort immer die Möglichkeit, selbst Themen vorzuschlagen, über die dann in der Gruppe gesprochen werde (vgl. D2 91-100). Dank der dort erhaltenen Anregungen habe er für sich inzwischen einen Weg gefunden, besser mit Situationen umzugehen, in denen er merke, dass er emotional zu sehr involviert werde: Er stelle sich in solchen Momenten jetzt vor, wie ein Konferenzdolmetscher in einer Kabine zu sitzen, sich nur auf die Sprachmittlung zu konzentrieren und die emotionale Komponente so weit wie möglich auszuklammern, diese Methode sei sehr hilfreich (vgl. D2 119-130). Zwar sei es auch möglich, Belastendes direkt im Anschluss an die Sitzung mit dem Therapeuten zu besprechen, aber das werde mit der Zeit immer weniger, unter anderem deshalb, weil man denke: „[J]aja, das geht schon irgendwie und man steckt das schon weg" (D2 107-108), was an die Einstellung von T2 bezüglich der Verantwortung des Dolmetschers für seine eigene Psychohygiene erinnert. An keiner anderen Stelle der Dolmetscherinterviews wird deutlicher, wie sehr die beiden Befragten sich bezüglich ihres Hintergrundes, sowohl hinsichtlich ihrer Ausbildung als auch in Bezug auf ihre Lebensgeschichte, unterscheiden und wie ihre Arbeit in der Therapie dadurch beeinflusst wird. Während die extreme psychische Belastung für D1 aus dem Umgang mit den hochemotionalen Inhalten der Sitzungen in Verbindung mit seiner eigenen Biografie resultiert, ergibt sich die Belastung für D2 eher aus berufsethischen Gründen. Folglich ist es nur logisch, dass beide auch unterschiedliche Wege wählen, um emotionale Entlastung zu erfahren. Zwar erwähnen beide den Austausch mit Kollegen und Supervisionsangebote, aber während D1 seinen Versuch beschreibt, eine individuelle, persönliche Methode zu finden, mit der Gesamtsituation – die sehr viel mit ihm als Mensch zu tun hat – umzugehen, setzt D2 in Bezug auf die von ihm erwartete Neutralität, die man durchaus als berufsinhärente Problematik bezeichnen kann, eher auf eine Lösung im Kreise seiner Fachkollegen. In diesem Zusammenhang wird überdies klar, dass sich beide als *Dolmetscher im psychotherapeutischen Setting* kaum miteinander vergleichen lassen: Zu verschieden sind die individuellen Parameter, die ihre Tätigkeit und sämtliche damit zusammenhängenden Aspekte ganz entscheidend beeinflussen.

3.3.4 Fazit

Der psychischen Belastung der Arbeit, die ja gerade im Fall von D1 enorm hoch ist, zum Trotz geben beide befragten Dolmetscher an, die Arbeit in der Therapie als bereichernd zu empfinden. D1 berichtet, dass es für ihn natürlich „traurig" (D1 201) sei erleben zu müssen, dass diejenigen, die heute für die gleichen Ziele kämpfen, für die er sich damals eingesetzt habe, heute genauso unterdrückt werden wie er damals. Gleichzeitig sei es aber auch positiv zu sehen, dass er nicht alleine sei und sich nun andere für dieselbe politische Bewegung stark machen wie er früher. Auch könne er aus dem Umgang des Therapeuten mit dem Patienten viel lernen (vgl. D1 197-205). Diese menschliche Begegnung empfinde er jedes Mal als große

Bereicherung und eine solche sei „immer gut" (D1 205). Leider falle die Entlohnung des Dolmetschers eher niedrig aus, wie D1 bedauert. Er selbst sei zwar kein vereidigter Dolmetscher, aber inzwischen schon seit vielen Jahren für E1 tätig und darüber hinaus ausgebildeter Sozialpädagoge. Er sei der Auffassung, dass man als Dolmetscher eine wichtige Rolle für die Vermittlung zwischen Therapeuten und Patienten spiele und je länger man in dem Bereich tätig sei, desto mehr Erfahrung sammle man schließlich auch (vgl. D1 160-169). D2 erzählt, dass er die Arbeit in zweierlei Hinsicht als bereichernd empfinde: Zum einen habe er das Gefühl, eine nützliche Arbeit zu verrichten, mit der er anderen Menschen wirklich helfen könne. Zum anderen werde bei E2 auf die Dolmetscher eingegangen, da man sehr viel Erfahrung im Umgang mit solchen habe und sowohl auf deren Bedürfnisse als auch auf sie als Personen viel Rücksicht nehme (vgl. D2 135-144). Bei E2 habe man – ganz im Gegensatz zu anderen Settings – durchaus das Gefühl, dass eine Rückmeldung von Seiten der Dolmetscher erwünscht sei (vgl. D2 255-257). Das Gefühl, eine sinnvolle Arbeit zu leisten und durch diese, trotz der mit dem Setting einhergehenden psychischen Belastung, eine gewisse Befriedigung zu erfahren, findet auch in den wenigen Artikeln, die sich mit der Perspektive der Dolmetscher auf die Therapie zu dritt beschäftigen, Erwähnung (vgl. u. a. Berisha 2008: 38, Brune/Akbayir 2008: 34, Sejdijaj et al. 2002: 55). Vergleicht man jedoch, woraus die hier befragten Dolmetscher ihre Motivation beziehen, ist folgendes festzustellen: Im Falle von D1 ist es so, dass er häufig ein Abbild seines eigenen Schicksals und seiner eigenen Ideale in den Patienten erkennt, für die er dolmetscht, und sich dadurch in seinen eigenen Erfahrungen und Überzeugungen bestätigt sieht. Darüber hinaus schätzt er die Arbeit in der Therapie, da er durch den Umgang des Therapeuten mit dem Patienten etwas lernen kann, was ihm möglicherweise dabei helfen kann, seine eigene Lebensgeschichte besser zu verarbeiten. Eine ähnliche Haltung konnten Miller et al. im Rahmen ihrer Studie beobachten, die sich unter anderem der Psychohygiene von Dolmetschern im therapeutischen Setting widmete:

In this study, (…) the [majority of] refugees who worked as interpreters described their work as stimulating (…) [and] gratifying (…) and (…) were quick to say that (…) it had actually enriched their lives (…) [and] given them a helpful perspective on their own war-related experiences (…). (Miller et al. 2005: 35)

Betrachtet man nun die Erklärung von D2, fällt auf, dass er die Arbeit zwar zum Teil deshalb als erfüllend betrachtet, weil er auf diese Weise Menschen helfen kann, zum Teil aber auch, weil bei E2 auf ihn als Dolmetscher sowie auf all seine, mit dem Beruf einhergehenden, Bedürfnisse Rücksicht genommen wird. Ähnlich wie bei der psychischen Belastung durch die Arbeit erkennt man also auch bei den positiven Erfahrungen, die beide Dolmetscher ansprechen, wieder deren unterschiedlichen Blickwinkel: Während für D1 hier die persönliche, menschliche Erfahrung, die auch wieder in direktem Zusammenhang mit seiner eigenen Biografie steht, im Mittelpunkt steht, gibt bei D2 nicht zuletzt eine berufsbedingte Komponente, nämlich die Möglichkeit, bei E2 professionell arbeiten zu können, den Ausschlag.

Auf die Frage, ob er sich in das Team von E1 integriert fühle, antwortet D1, dass die Möglichkeit dazu durchaus bestehe, wenn er das wolle und die nötige Zeit habe. Als Problem beschreibt er in dieser Hinsicht allerdings, dass die Dolmetscher nur auf Honorarbasis angestellt seien. Da aber heutzutage nicht einmal mehr ein fester Vertrag eine Garantie für eine sichere Anstellung darstelle, könne „man sich vorstellen" (D1 215), wie es diesbezüglich bei Honorarkräften aussähe (vgl. D1 212-215). Letztlich sei „man hier nur der Dolmetscher der Sprache (…) und dabei (…) [bleibe] es" (D1 170-171). D2 unterstreicht bei seiner Antwort auf diese Frage erneut, dass er sich in das Team von E2 gut integriert fühle und ihm dort auch das Arbeitsklima sehr gut gefalle (vgl. D2 147-156). Dennoch, bedauert D2, sei die Situation für die Dolmetscher trotz aller auf sie zugeschnittener Angebote und der Bemühungen, alle Therapeuten und Dolmetscher bei gemeinsamen Treffen zusammenzubringen, die folgende: „[A]ls Dolmetscher [geht man hin], man macht seine Stunden und geht wieder" (D2 148-149). So unterschiedlich die befragten Dolmetscher in jeder anderen Hinsicht auch sein mögen, in diesem Punkt sind sich beide einig.[51] Allerdings ist nicht zu erwarten, dass sich an dieser Situation im therapeutischen Setting in absehbarer Zeit etwas ändern wird, denn ein ständiger Stab fest angestellter Dolmetscher dürfte für die meist ohnehin finanziell klammen Behandlungszentren kaum zu finanzieren sein.

---

[51] Die Rolle des ‚Außenseiters', der nur bei Bedarf angefordert wird und nach erfolgreicher Arbeit wieder nach Hause geht, teilen die Dolmetscher im therapeutischen Setting sicherlich auch mit ihren freiberuflichen Kollegen in anderen Settings – mit dem Unterschied, dass dort wohl oft noch deutlich weniger Rücksicht auf die Dolmetscher und ihre Bedürfnisse genommen wird.

3.3.5 Zusammenfassung

Je mehr die beiden Dolmetscherinterviews auf verschiedene Aspekte hin untersucht werden, desto deutlicher zeigt sich, wie wenig die beiden Befragten eigentlich miteinander vergleichbar sind. Zwar sind beide *Dolmetscher im psychotherapeutischen Setting*, doch es fällt von vornherein auf, dass die Ausgangsvoraussetzungen in beiden Fällen gänzlich unterschiedlich sind: Während D1 selbst Flüchtling ist, gefoltert wurde, nur eine einführende Vorbereitung auf das Dolmetschen in der Therapie bekommen hat und jetzt mit Folteropfern arbeitet, ist D2 ausgebildeter Konferenzdolmetscher ohne Migrationshintergrund, der mit einem wesentlich breiteren Patientenspektrum zu tun hat. Die Arbeit von D1 wird in all ihren Dimensionen hauptsächlich durch seine eigene Biografie beeinflusst, wohingegen bei D2 fachliche Aspekte im Vordergrund stehen. Dies gilt nicht nur, wenn es um die psychische Belastung in der Therapie geht sowie um die Wege, mit eben dieser umzugehen, sondern auch in Bezug auf die Aspekte, welche die beiden Befragten in der Therapie zu dritt als bereichernd empfinden. Der Einfluss des jeweiligen Therapeuten zeigt sich am deutlichsten bei der Frage nach dem Rollenverständnis des Dolmetschers; hier sind eindeutige Parallelen zwischen den Antworten der befragten Therapeuten und denen der interviewten Dolmetscher zu erkennen. Festzuhalten bleibt, dass in den beiden hier porträtierten Fällen individuelle Faktoren letztlich von größerer Bedeutung für die Arbeit des entsprechenden Dolmetschers sind als der Einfluss des jeweiligen Therapeuten.

Nachdem nun bereits die Ergebnisse der Interviews mit den Therapeuten und den Dolmetscher bezüglich ihrer Sicht auf die dolmetschgestützte Therapie behandelt wurden, fehlt noch die Antwort auf die Frage, wie die Patienten die Therapie zu dritt sehen. Welche Ansprüche stellen sie an den Dolmetscher und was wissen sie von der Zusammenarbeit in der Therapie zu berichten? Diese Fragen werden im folgenden Kapitel ausführlich erläutert.

3.4. Patienteninterviews

3.4.1 Hintergrund, Vorerfahrungen und Ansprüche an den Dolmetscher

Wie in Kapitel 3.1.3 bereits erwähnt, ist P1 aus Iran und seit ungefähr zehn Monaten im deutschsprachigen Teil Mitteleuropas. Er wurde in seiner Heimat gefoltert und wird zum Zeitpunkt des Interviews seit etwa einem halben Jahr in E1 betreut. Im Alltag spricht er kaum Deutsch und in den

Therapiesitzungen seine Muttersprache Farsi. D1 verdolmetscht seine Äußerungen für T1 ins Deutsche und umgekehrt (vgl. P1 13-22). Erste Erfahrungen im Umgang mit Dolmetschern hat P1 bereits aufgrund seiner Termine beim Sozialamt gesammelt, bei denen meist ein Dolmetscher zugegen ist (vgl. P1 73-76). Gefragt, wie man ihm bei E1 das Aufgabenspektrum des Dolmetschers beschrieben habe, antwortet P1, er sei lediglich darüber aufgeklärt worden, dass dieser einer strikten Schweigepflicht unterliege (vgl. P1 98-101).

P2 stammt, wie schon in Kapitel 3.1.3 angegeben, aus Aserbaidschan, ist zum Zeitpunkt des Interviews seit fast einem Jahr im deutschsprachigen Teil Mitteleuropas und seit etwa zehn Monaten Patient in E2. Seine Muttersprache ist Aserbaidschanisch; Deutsch spricht er im Alltag nur wenig (vgl. P2 13-25). Da seine gesamte schulische und universitäre Ausbildung aber auf Russisch stattgefunden hat und er selbst als Russischdozent tätig war, spricht er in den Sitzungen diese Sprache, welche D2 für T2 ins Deutsche überträgt, und nicht Aserbaidschanisch.[52] Das, so P2, sei für ihn kein Problem, sondern eher eine Vereinfachung, wie er zunächst erklärt (vgl. P2 172-175). In seiner Heimat, so P2, habe er noch nie mit Dolmetschern zu tun gehabt; das habe sich erst mit seiner Einreise in den deutschsprachigen Teil Mitteleuropas verändert: Dort sei er bei den Interviews bei den entsprechenden behördlichen Stellen erstmals mit Dolmetschern in Kontakt gekommen (vgl. P2 93-95). Darüber hinaus habe er sich im Vorfeld der Therapie selbst ein wenig darüber informiert, was alles in den Aufgabenbereich eines Dolmetschers falle. Dessen Hauptaufgabe beschreibt P2 folgendermaßen: „[E]igentlich [ist] ein Dolmetscher nur dazu da (…) [,] die Informationen zu übertragen und zu übersetzen" (P2 166-167). In diesem Zusammenhang habe er auch von dessen Schweigepflicht erfahren (vgl. P2 81-82). P2 erklärt, dass er zwar nicht mehr rekonstruieren könne, ob er bei E2 vor Therapiebeginn etwas über das Aufgabenspektrum des Dolmetschers erklärt bekommen habe, aber dennoch nicht das Gefühl habe, dass mehr Informationen zu dem Thema nötig gewesen wären (vgl. P2 82-84, 88).

Die beiden befragten Patienten bringen zwar ähnliche Vorerfahrungen im Umgang mit Dolmetschern mit, unterscheiden sich aber – wie die beiden Dolmetscher – deutlich hinsichtlich ihrer Lebensgeschichte, welche bei P1 wesentlich durch die Foltererfahrung, bei P2 entscheidend durch die Migrationserfahrung geprägt ist. Deshalb ist es auch nicht verwunderlich, dass sie

---

[52] Zu den möglichen Problemen einer Therapie, die in einer Zweitsprache des Patienten abgehalten wird, siehe Kapitel 2.3 sowie Haasen 2007: 490ff.

sich in den Ansprüchen an ihren Dolmetscher unterscheiden, der in beiden Fällen von der behandelnden Einrichtung ausgewählt wurde (vgl. P1 32-37, P2 42-47). So berichtet P1, dass er vor Therapiebeginn aus mehreren Gründen den Wunsch nach einem weiblichen Dolmetscher geäußert habe: Zunächst einmal könne er sich einer Frau gegenüber besser öffnen und zu dieser eine bessere Beziehung aufbauen als es bei einem Mann der Fall wäre (vgl. P1 40-47). Außerdem seien seine Folterer immer männlich gewesen, Frauen hätten ihm dagegen nie etwas angetan. Diese seien „nicht so wütend" (P1 109) und legten mehr Wert auf Gefühle (vgl. P1 104-112). Dass das Geschlecht des Dolmetschers bei der Zusammenstellung der Therapiebeteiligten eine nicht unwesentliche Rolle spielt, ist offensichtlich. Es ist sogar im Allgemeinen von weitaus größerer Bedeutung als das Geschlecht des behandelnden Therapeuten (vgl. Abdallah-Steinkopff 1999: 8, Ruf/ Schauer/Elbert 2008: 11). Wie das Beispiel von P1 zeigt, besitzt der Ratschlag, möglichst einen Dolmetscher zu wählen, der das gleiche Geschlecht hat wie der Patient (vgl. Salman 2001: 176), keine Allgemeingültigkeit. Sehr viel praxisnäher ist wohl die Empfehlung, das Geschlecht des Dolmetschers in Abhängigkeit von den jeweiligen Erlebnissen des Patienten zu wählen (vgl. v. Törne 2009: 8), um bei diesem keine schmerzhaften Assoziationen und Erinnerungen zu wecken (vgl. Brune/Akbayir 2008: 32). Auf die Frage, ob er vor Beginn der Zusammenarbeit gerne noch weitere Informationen über den Dolmetscher erhalten hätte, erklärt P1, dass es ihn nicht im Geringsten interessiert habe, welche Ausbildung der Dolmetscher genossen oder wo er seine Sprachkenntnisse erworben habe. Das einzige, was ihm – abgesehen vom Geschlecht des Dolmetschers – wichtig gewesen sei, sei dessen Verschwiegenheit. Anders als bei Terminen beim Sozialamt gehe es in der Therapie schließlich um „psychische Probleme und eine Geschichte des Lebenslaufes" (P1 86-87), deshalb brauche er absolute Gewissheit, dass er dort alles sagen könne, ohne dass es nach außen getragen werde, wie er mehrfach erwähnt (vgl. P1 76-90, 98-101, 117-118). P1 erzählt, dass er am Anfang durchaus daran gezweifelt habe, ob er in der Therapie zu dritt wirklich alles ansprechen könne, was ihm auf dem Herzen liege. Aber Schritt für Schritt sei ihm klar geworden, dass der Dolmetscher für ihn da sei und sich an die Schweigepflicht halte. Sobald er das verstanden und Vertrauen zum Dolmetscher aufgebaut habe, habe er sich auch besser ausdrücken können (vgl. P1 150-155). Positiv sei für ihn in dieser Hinsicht außerdem, dass der Dolmetscher ihm weiterhelfen könne, wenn er auf Farsi nach einem Wort suche, so P1. Da D1 seine Sprache beherrsche, könne dieser ihm in solchen Momenten dabei helfen, weiter darüber zu sprechen, was ihn bewege (vgl. P1 181-184). Das von P1 mehrfach betonte

Bedürfnis nach absoluter Vertraulichkeit ist schon auf den ersten Blick leicht nachzuvollziehen. Beschäftigt man sich allerdings etwas eingehender damit, welche psychischen Folgen mit Folter auch nach ihrem eigentlichen Ende einhergehen, wird die große Bedeutung, die P1 der Schweigepflicht des Dolmetschers beimisst, noch deutlicher: Durch die strategische Misshandlung, sei sie physisch, psychisch oder beides, bei der das Opfer der Willkür seines/r Peiniger völlig hilflos ausgeliefert ist, wird das Urvertrauen des Betroffenen in seine Umwelt sowie in sich selbst zerstört und verlieren vorher gültige Grenzen und Strukturen jegliche Bedeutung (vgl. Moser 2007: 528). Daher dominieren auffallende Vorsicht und grundlegendes Misstrauen auch nach Ende der Folter die Beziehungen des Gequälten zu anderen Menschen, wodurch der Aufbau einer vertrauensvollen Beziehung nur sehr langsam vonstattengehen kann (vgl. Tosic-Memarzadeh et al. 2003: 32). Käme zu dieser ohnehin bestehenden Unsicherheit des Patienten nun auch noch die Sorge hinzu, der Dolmetscher könnte die intimen Details, die er im Zuge seiner Arbeit erfährt, nach außen tragen, wäre die Entwicklung einer tragfähigen, auf Vertrauen basierenden Beziehung zwischen den drei Therapiebeteiligten unmöglich.

Zwar spricht auch P2 die Schweigepflicht des Dolmetschers an und erklärt, dass er diese insofern als beruhigend empfinde, weil er dank ihr wisse, dass er nichts verheimlichen müsse (vgl. P2 198-201). Allerdings unterstreicht P2 deren Bedeutung lange nicht so vehement wie P1. Anders als P1 berichtet P2, dass er vor Beginn der Therapie keine Wünsche bezüglich seines zukünftigen Dolmetschers geäußert habe; dessen Alter, Herkunft oder Geschlecht seien für ihn völlig irrelevant gewesen. Mit seinem jetzigen Dolmetscher sei er sehr zufrieden, weil dieser gut dolmetsche und ihm sympathisch sei, das sei das einzige, worauf es ankomme (vgl. P2 50-56, 88-90). Allerdings räumt er auch ein, dass er sich trotz der sehr guten Zusammenarbeit in der jetzigen Besetzung vorstellen könne, dass ein Dolmetscher aus Aserbaidschan, der das Land, die Kultur, das politische System und die Sprache kenne, der wisse, wie er, P2, dort gelebt habe, vielleicht anders dolmetschen könnte. Für ihn persönlich würde sich zum einen dadurch, dass dieser ihm dann näher stünde, und zum anderen dadurch, dass er, P2, statt Russisch Aserbaidschanisch sprechen könnte, etwas verändern (vgl. P2 161-169, 216-219), was seiner weiter oben zitierten Aussage, die Therapie falle ihm auf Russisch leichter, widerspricht. Vermutlich lässt sich dieser Widerspruch dadurch erklären, dass das Interview zwischen P2 und der Autorin von D2 verdolmetscht wurde; dass P2 in diesem Fall nicht direkt zugeben wollte, dass ihm eigentlich ein Dolmetscher für Aserbaidschanisch lieber wäre als der Russischdolmetscher, mit dem er seit zehn

Monaten zusammenarbeitet, ist nachvollziehbar. Warum er aber letztlich einen Dolmetscher aus seinem eigenen Kulturkreis bevorzugen würde, leuchtet auch unabhängig vom sprachlichen Faktor[53] ein: Patienten mit Migrationserfahrung bezweifeln oft, dass jemand, der kein Landsmann ist, ihre Erfahrungen wirklich verstehen und nachvollziehen kann (vgl. Miller zit. nach Miller et al. 2005: 35). Darüber hinaus ist die Hoffnung, ein Dolmetscher, der aus dem gleichen Land stammt, möge in der Therapie als Fürsprecher agieren, bei ausländischen Patienten, wie bereits erwähnt, nicht selten (vgl. u. a. Brune/Akbayir 2008: 34, Sejdijaj et al. 2002: 46, Tosic-Memarzadeh et al. 2003: 26). Allerdings ist in diesem Kontext im Hinterkopf zu behalten, dass P2 mit T2 einen Therapeuten hat, der den Dolmetscher ausdrücklich nicht in der Rolle eines Kulturmittlers oder Co-Therapeuten sieht. Ob ein Dolmetscher aus Aserbaidschan unter diesen Voraussetzungen also überhaupt kulturell oder anderweitig vermittelnd tätig sein könnte, ist fraglich. Dieses Umstandes scheint sich auch P2 bis zu einem gewissen Grad bewusst zu sein, erwähnt er doch, dass der Dolmetscher eigentlich nur Sprachmittler sein sollte (vgl. P2 166-167).

Bezüglich der unterschiedlichen Ansprüche und Erwartungen an den Dolmetscher lässt sich in beiden Fällen eine Parallele zur Biografie der befragten Patienten finden: Der Dolmetscher, den sich P1 wünscht, soll Kriterien erfüllen, die eindeutig von der Foltererfahrung von P1 geprägt sind, deren psychische Folgen in der Therapie zu dritt schrittweise überwunden werden sollen. P2 möchte dagegen gerne einen Dolmetscher, der seinen kulturellen und sprachlichen Hintergrund sowie vielleicht auch seine Migrationserfahrung teilt[54], was wieder direkt mit seiner eigenen Lebenssituation zu tun hat. Was aber sagen die beiden Befragten nun zur konkreten Zusammenarbeit in der Therapie? Und inwieweit ist ihre jeweilige Sicht auf selbige durch die des beteiligten Therapeuten geprägt?

3.4.2 Zusammenarbeit in der Therapie

Bei den befragten Therapeuten gibt es einen deutlichen Unterschied in Bezug darauf, ob sie ihren eigenen sprachlichen Ausdruck anpassen, um dem Dolmetscher die Sprachmittlung zu erleichtern, oder nicht.[55] Ähnliches lässt sich auch bei den beiden Patienten beobachten. P1 erklärt, dass er in der Sitzung durchaus darauf Rücksicht nehme, dass D1 seine Äußerungen

---

[53] Siehe hierzu auch Kapitel 2.3 und 2.4.1.

[54] Allerdings ist hier zu beachten, dass sich die Frage nach dem Heimatland des Dolmetschers bei P1 von vornherein nicht stellt, stammt D1 doch ebenfalls aus Iran.

[55] Siehe Kapitel 3.2.4.

verdolmetschen müsse. Zum einen bemühe er sich, so wenig Dialekt wie möglich zu sprechen, und zum anderen versuche er, seine Syntax so zu gestalten, dass sie für den Dolmetscher leichter zu übertragen sei. Außerdem achte er darauf, nur in so langen Abschnitten zu sprechen, dass er immer noch das Gefühl habe, der Dolmetscher könne diese vollständig übertragen (vgl. P1 128-133). Insbesondere was die Rücksichtnahme hinsichtlich der Länge der zu übertragenden Ausführungen angeht, entspricht das Vorgehen von P1 dem von T1. P2 gibt dagegen an, in sprachlicher Hinsicht keine Rücksicht auf den Dolmetscher zu nehmen: In der Therapiesitzung spreche er so wie sonst auch. Seiner Einschätzung nach wäre es für ihn eine psychische Belastung, wenn er sich diesbezüglich auf den Dolmetscher einstellen müsste (vgl. P2 107-110). Diese Haltung P2s reflektiert die von T2, der sich selbst hinsichtlich seiner Ausdrucksweise in der Therapie ja als „egomanisch" (T2 181) bezeichnet. Diese Beobachtung ist interessant, weil sie deutlich zeigt, dass der direkte Umgang beider Patienten mit dem Dolmetscher davon geprägt ist, wie der Therapeut sich letzterem gegenüber verhält. Das ist leicht nachzuvollziehen, schließlich ist der Patient derjenige, der zu Therapiebeginn in ein ihm für gewöhnlich fremdes Setting kommt, innerhalb dessen der Therapeut Experte ist. Diese Rollenverteilung gilt auch für den Umgang mit dem Dolmetscher: Zwar hat der Patient unter Umständen bereits in einem anderen Bereich mit einem solchen zu tun gehabt, in der Regel aber noch nicht im therapeutischen Setting, anders als der Therapeut, der – zumindest aus der Perspektive des Patienten – hier ebenfalls Experte ist und deshalb als Vorbild in Bezug auf den Umgang mit dem Dolmetscher dient.

Beide Patienten betonen das Vertrauensverhältnis, welches sich zwischen ihnen und dem jeweiligen Dolmetscher im Laufe der Zusammenarbeit entwickelt hat, und unterstreichen dadurch, dass „[i]n einer gut funktionierenden Triade (...) der Dolmetscher fast genauso wenig auswechselbar [ist] wie der Therapeut" (Brune/Akbayir 2008: 31). P1 erklärt, er fühle sich mit D1 wohl, da er das Gefühl habe, dass dieser seine Äußerungen richtig an den Therapeuten weitergebe. Daher arbeite er lieber mit ihm als mit anderen Dolmetschern zusammen (vgl. P1 52-55, 64-69). P2 beschreibt, dass auch er sich in der Gegenwart seines Dolmetschers wohlfühle, weshalb er keine Hemmungen habe, sich in dessen Beisein zu öffnen (vgl. P2 69-71). Wie wichtig dieses Grundvertrauen für beide ist, zeigt sich daran, dass sie sich für einen Dolmetscherwechsel ausgesprochen hätten, wäre das Verhältnis zwischen dem Dolmetscher und ihnen ein anderes gewesen: P1 erklärt, dass er um einen anderen Dolmetscher gebeten hätte, wenn bei ihm der Eindruck entstanden wäre, dass das, was er sage, dem Therapeuten nicht richtig übermittelt werde (vgl. P1 66-69). Bei P2 wäre dieser Fall eingetreten, hätte er sich geschämt, vor dem Dolmetscher über seine Gefühle zu sprechen (vgl. P2 64-71). Da eine Therapie ohne das Vertrauensverhältnis zwischen Patient und Dolmetscher kaum funktionieren kann, wird auch in der Literatur immer wieder darauf hingewiesen, dass eine gut funktionierende Besetzung möglichst für die gesamte Dauer einer Therapie beibehalten werden sollte (vgl. u. a. Salman 2001: 176, v. Törne 2009: 8).

Beide befragten Patienten geben an, dass in der bestehenden Besetzung noch nie Probleme aufgetreten seien (vgl. P1 158, P2 71-72). Eine mögliche Erklärung dafür, dass keine Schwierigkeiten benannt werden, ist, dass ein Patient im therapeutischen Setting ohnehin hauptsächlich mit sich selbst und der Interaktion mit dem Therapeuten beschäftigt ist und auf mögliche Schwierigkeiten in Bezug auf den Dolmetscher deshalb vielleicht weniger achtet, zumindest solange der Therapieprozess dadurch nicht gestört wird. Eine andere und vermutlich wahrscheinlichere Erklärung ist die, dass die beiden Befragten sich nicht vor ihren jeweiligen Dolmetschern zu Problemen äußern wollen, die direkt mit diesen zu tun haben. Im Hinblick auf allgemeine Schwierigkeiten, die sich in der Therapie mit Dolmetscher ergeben könnten, äußert P2 sich mehrfach bedauernd dahingehend, dass der Therapeut und er nicht die gleiche Sprache sprechen. Es wäre einfach besser, wenn man direkt miteinander kommunizieren könnte. In der Therapie zu dritt müsse man sich dagegen ein bisschen darauf einstellen, dass ein Dolmetscher zugegen sei. Es passiere beispielsweise öfter, dass man, während man auf die Verdolmetschung warte, im Gespräch den Faden verliere. Auch könne er sich vorstellen, dass der Kontakt zwischen ihm und dem Therapeuten intensiver wäre, wenn die Kommunikation nicht über einen Dolmetscher laufen müsste (vgl. P2 128-132, 181-187, 197-198). Aber davon einmal abgesehen sehe er nicht, wie man die Zusammenarbeit verbessern könne, denn zum einen verstehe D2 was gesagt werde und übersetze genau das, was er, P2, sage, und zum anderen wisse er, P2, dass er nichts verheimlichen müsse und der Dolmetscher der Schweigepflicht unterliege. Deshalb sei die Zusammenarbeit „in Ordnung so" (P2 199) wie sie sei (vgl. P2 198-201, 208-210). Insgesamt erinnert die Haltung von P2 gegenüber der dolmetschgestützten Therapie an die von T1: Für beide stellt sie eine Hilfskonstruktion dar, auf die zurückgegriffen wird, wenn eine Therapie mit zwei Beteiligten aufgrund der sprachlichen Barriere nicht möglich ist – und in diesem Rahmen wird sie von P2 wie von T1 auch als durchaus funktional gesehen.

Das Interview mit P1 nimmt an der Stelle, an der die Autorin ihn zu allgemeinen Schwierigkeiten in der dolmetschgestützten Therapie befragt, eine unerwartete Wendung: Nach der Antwort, dass noch keine Probleme aufgetreten seien (vgl. P1 163-164), äußert sich P1 wie folgt:

> Nur (...) da, wo es sehr viel Licht ist, da fühle ich mich nicht wohl. Hier in dem Raum nebenan [wo die Therapiesitzungen stattfinden] hat man darauf Rücksicht genommen (...). Dieses [Diktier-]Gerät und (...) zu viel Licht dann (...) ich erinnere mich an den [sic] Anhörung damals. (P1 164-168)

Daraufhin wird das Interview zu einem schnellen Ende gebracht. Dieses Beispiel illustriert sehr eindrücklich, wie viel Fingerspitzengefühl gerade im Umgang mit Extremtraumatisierten notwendig ist und wie schnell man sich als Außenstehender, sei es als Therapeut, Dolmetscher oder eben als Gesprächspartner, falsch verhalten kann, ohne sich dessen überhaupt bewusst zu sein. Zwar kann man nie völlig ausschließen, dass eine bestimmte Situation beim Betroffenen schmerzhafte Erinnerungen weckt. Dennoch kann und sollte das Risiko durch ein bewusstes Verhalten der anderen Beteiligten so weit wie möglich minimiert werden (vgl. Moser 2007: 536).

3.4.3 Zusammenfassung

Die Auswertung der Patienteninterviews unterstreicht, dass die Ansprüche, welche die Befragten im therapeutischen Setting[56] an den Dolmetscher stellen, sehr unterschiedlich ausfallen: Während P1 aufgrund seiner traumatischen Erfahrungen, welche direkt mit Männern zu tun hatten, auf jeden Fall mit einem weiblichen Dolmetscher zusammenarbeiten möchte, spielt das Geschlecht des Dolmetschers für P2 keine Rolle; wo P1 auch aufgrund seiner Foltererfahrung wieder und wieder betont, von welch großer Bedeutung die Schweigepflicht des Dolmetschers für ihn ist, da unterstreicht P2, dass es ihm eigentlich lieb wäre, einen Landsmann als Dolmetscher zu haben, da dieser dem Therapeuten anschaulicher übermitteln könnte, was er, P2, schildere; und anders als P2, der bis zum Schluss des Interviews ruhig und sachlich antwortet, zeigt P1 im Laufe des Gesprächs eine zunehmende Unruhe, die er schließlich selbst damit erklärt, dass die Interviewsituation bei ihm schmerzhafte Assoziationen an frühere Verhöre wecke (vgl. P1 164-168). Genauso, wie beide Patienten aufgrund ihrer jeweiligen Lebensgeschichte unterschiedliche Bedürfnisse in Bezug auf die Therapie haben, haben beide auch ihre ganz individuellen Ansprüche an den Dolmetscher. In zwei Punkten aber finden sich auch Parallelen zwischen den befragten

---

[56] Im Unterschied zu anderen Bereichen werden in der Therapie nicht nur vertrauliche, sondern vor allem auch belastende und zum Teil sehr schambesetzte Themen behandelt.

Patienten: Zum einen stimmen sie dahingehend überein, dass ein Vertrauensverhältnis, welches den Dolmetscher mit einschließt, für die Therapie zu dritt eine unabdingbare Voraussetzung ist. Zum anderen spiegelt ihr Verhalten in Bezug auf ihren sprachlichen Ausdruck eindeutig die Position des jeweils beteiligten Therapeuten wider. Sicherlich reichen zwei Interviews nicht aus, um diesbezüglich eine allgemeingültige Aussage zu treffen. Dennoch liegt der Verdacht einer Universalität dieses Umstandes nahe. Daher kann es nicht schaden, wenn sich Therapeuten ihrer Vorbildfunktion, die sie aus der Sicht des Patienten im Hinblick auf die Zusammenarbeit mit dem Dolmetscher haben, bewusst sind.

4 Schlussbetrachtungen

Ziel der Analyse der sechs Interviews war es, exemplarisch aufzuzeigen, inwiefern die Therapiesituation zu dritt vom individuellen Hintergrund und Erfahrungshorizont von Therapeut, Dolmetscher und Patient beeinflusst wird. Ergänzend wurden Beispiele aus der Literatur herangezogen, welche sich entweder dadurch auszeichnen, dass sie in besonders vielen Publikationen Erwähnung finden oder aber dadurch, dass sie eine gänzlich andere Sichtweise aufzeigen als die sonst übliche. In Bezug auf die befragten Therapeuten konnte aufgezeigt werden, dass die Zusammenarbeit mit Dolmetschern in beiden Fällen von vornherein vor einem unterschiedlichen Hintergrund stattfindet: Zu nennen wären als wichtigste Beispiele die jeweilige Vorbereitung auf die Therapie zu dritt, die individuelle berufliche Erfahrung in der Therapie mit und ohne Dolmetscher sowie der unterschiedliche therapeutische Ansatz der beiden Befragten. Folglich war es nicht überraschend zu sehen, dass sich auch ihre Sicht auf die dolmetschgestützte Therapie dahingehend unterscheidet, dass T1 sie als Abwandlung der Therapie mit zwei Beteiligten sieht, wohingegen sie für T2 eher eine eigenständige Form der Therapieführung darstellt. Darüber hinaus finden sich bei den Therapeuten Unterschiede bezüglich der Definition der Rolle des Dolmetschers, was wiederum auch das eigene Rollenverständnis der beiden interviewten Dolmetscher beeinflusst. Zu einem nicht unwesentlichen Teil hängt letzteres auch mit der Ausbildung der Dolmetscher zusammen, welche bei D1 nur aus einer einführenden Schulung, bei D2 dagegen aus einem Hochschulstudium bestand. Obwohl D1 und D2 beide *Dolmetscher im psychotherapeutischen Setting* sind, kann man die beiden in Bezug auf ihre Tätigkeit kaum miteinander vergleichen. Das liegt allerdings nicht nur an ihrer unterschiedlichen Ausbildung, sondern zu einem entscheidenden Anteil auch an den mangelnden Parallelen bezüglich ihres biografischen Hintergrundes. Derartige Unterschiede in der Lebensgeschichte sind es auch, die dazu führen, dass die beiden befragten Patienten jeweils andere Ansprüche an den Dolmetscher stellen.

Diese Eindrücke aus der Praxis unterstreichen, was selbstverständlich klingen mag, es aber gerade im Kontext der dolmetschgestützten Therapie selten ist: Jeder der drei Beteiligten bringt seine eigene Kultur, Lebensgeschichte und derzeitige Lebenssituation, seine individuellen Erfahrungen, Wertvorstellungen und Erwartungen an die zwei anderen und sich selbst mit (vgl. Tosic-Memarzadeh et al. 2003: 20). Das macht nicht nur die Therapie zu dritt zu einer sehr komplexen Situation für alle Beteiligten, sondern bedeutet zugleich, dass Empfehlungen, welche für eine Triade sinnvoll sind, in einer anderen möglicherweise mehr Schaden anrichten als helfen können. Sicherlich gibt es Ratschläge für die Zusammenarbeit, denen sich eine gewisse Allgemeingültigkeit nicht absprechen lässt. Dazu gehören beispielsweise die Hinweise, dass eine dolmetschgestützte Therapie nur möglich ist, wenn die Rollen von Therapeut und Dolmetscher vorher festgelegt, von beiden eingehalten und vom Patienten respektiert werden, dass ein privater Kontakt zwischen Patient und Dolmetscher außerhalb der Therapie genau diese Rollenverteilung gefährdet oder dass nicht nur die psychische Gesundheit des Therapeuten, sondern auch die des Dolmetschers regelmäßig durch entsprechende Entlastungsangebote gepflegt werden muss. Aber in Bezug darauf, in welcher Art und welchem Umfang derartige Angebote notwendig sind, nach welchen Kriterien der Dolmetscher ausgewählt wird, welche Sitzordnung sich anbietet, wie die Zusammenarbeit sowohl in als auch außerhalb der Sitzung konkret gestaltet wird und hinsichtlich zahlreicher weiterer Aspekte sind pauschale Empfehlungen zur Gestaltung der Therapie zu dritt wohl ebenso unmöglich wie sinnlos. Deshalb ist letztlich sicherlich jene Zusammenarbeit die erfolgreichste, bei welcher den besonderen Erfahrungen und Bedürfnissen aller drei Beteiligten am besten Rechnung getragen wird.

Bezogen auf die Bedürfnisse psychisch erkrankter Migranten und Flüchtlinge bedeutet dies – bevor die oben erwähnten Punkte überhaupt zum Tragen kommen – zunächst einmal, dass zum einen eine flächendeckende, auf diese zugeschnitte Regelversorgung notwendig ist (vgl. Loos 2008: 9) und zum anderen endlich die Finanzierung der dolmetschgestützten Therapie im Sinne der Patienten, der Dolmetscher sowie der behandelnden Einrichtungen rechtlich bindend geklärt werden muss. Was Therapeuten und Dolmetscher angeht, herrscht bereits ein breiter Konsens darüber, dass vor Beginn der Zusammenarbeit eine eigene Schulung für beide Berufsgruppen notwendig ist. Nur so können Therapeuten flächendeckend für die Bedürfnisse von Dolmetschern sensibilisiert werden und Dolmetscher psychologische und/oder psychiatrische Fachkenntnisse vermittelt bekommen, welche letzteren nicht nur dabei helfen, die Vorgänge in der Therapie besser zu verstehen – und damit auch sprachlich besser übertragen zu können –, sondern ihnen außerdem eine professionellere Reflektion über die psychischen Auswirkungen der Therapie auf sie selbst ermöglichen. Was den Inhalt vorbereitender Schulungen angeht, gibt es vor allem in Deutschland zwar bereits Empfehlungen, aber noch keine verbindlichen Richtlinien. Zur Erarbeitung entsprechender Curricula wäre ein interdisziplinärer Austausch zwischen Experten aus dem therapeutischen Bereich und der Dolmetschwissenschaft sowie in diesem Setting erfahrenen praktizierenden Dolmetschern sicherlich förderlich.

Was die bisherige Rolle der Dolmetschwissenschaft in diesem Feld angeht, kann man sie bis dato als marginal beschreiben. Zwar wurde das Thema *Dolmetschen im psychotherapeutischen Setting* bereits in einigen universitären Abschlussarbeiten thematisiert (vgl. u. a. Hatziliadou (2009), Uluköylü (2005)) und wird derzeit auch im Rahmen einer Doktorarbeit an der Universität Wien behandelt (Information aus privatem E-Mail-Kontakt). Dennoch stammt vor allem die im deutschsprachigen Raum vorliegende Literatur fast ausnahmslos aus der Feder von Psychologen und Psychiatern. Beiträge aus der Dolmetscherperspektive sind selten und haben eher den Charakter von Erfahrungsberichten (vgl. z. B. Brune/Akbayir 2008: 33f., Sejdijaj et al. 2002) oder liegen in Form von Interviews vor (vgl. z. B. Berisha 2008, Refugio München 2003b). Das hat sicherlich damit zu tun, dass der Großteil der Dolmetscher in der Psychotherapie eben keine ausgebildeten Konferenzdolmetscher sind, sondern speziell geschulte Migranten. Aber genau dieser Umstand macht das Setting für Dolmetschwissenschaftler interessant: Zu erforschen wäre beispielsweise, inwieweit sich eine Therapie, in der ein geschulter Migrant dolmetscht, hinsichtlich ihres Erfolges von einer unterscheidet, in der ein ausgebildeter Konferenzdolmetscher die Sprachmittlung übernimmt. In diesem Zuge stellt sich auch die Frage, inwieweit die Kulturmittlung durch den Dolmetscher für eine erfolgreiche Therapie notwendig ist.

Aber unabhängig davon, wie der Therapeut der Therapie zu dritt gegenübersteht, welche Ausbildung der Dolmetscher genossen hat, wie die Vorbereitung der beiden auf die Therapie aussieht, mit welchen Herausforderungen und Möglichkeiten sie sich in und außerhalb der Sitzung konfrontiert sehen, welche wissenschaftlichen Fragestellungen noch nicht beleuchtet wurden und wo noch rechtliche, organisatorische, finanzielle und didaktische Hürden zu überwinden sind, sollten alle Beteiligten doch immer im Hinterkopf behalten, dass es letztlich darum geht, den Patienten effektiv und entsprechend seiner Bedürfnisse zu behandeln und das unabhängig von jeglicher sprachlichen Barriere.

Bibliografie

Abdallah-Steinkopff, Barbara (1999): Psychotherapie bei Posttraumatischer Belastungsstörung unter Mitwirkung von Dolmetschern, in: *Verhaltenstherapie* 9. 211-226, http://www.refugio-muenchen.de/pdf/mitwirkung-von-dolmetschern-vt99.pdf, 1-17 (11.03.10).

Adam, Klaus-Uwe (2006): *Therapeutisches Arbeiten mit Träumen – Theorie und Praxis der Traumarbeit*. Heidelberg: Springer Medizin Verlag.

Berisha, Ardiana (2008): Nur der Anfang ist schwer, in: Flüchtlingsrat Niedersachsen: *Psychotherapie zu Dritt – Über die Arbeit mit Dolmetschern im therapeutischen Gespräch. Zeitschrift für Flüchtlingspolitik in Niedersachsen,* Sonderheft 125, Nr. 4. 37-38.

Birck, Angelika (2002): Secondary Traumatization and Burnout in Professionals working with Torture Survivors, in: *Traumatology,* Vol. 7, Nr. 2. 85-90, http://tmt.sagepub.com (06.03.10).

Brune, Michael, Akbayir Emine (2008). Die Macht der Sprache in der Psychotherapie – Betrachtungen aus Sicht des Psychotherapeuten und aus Sicht der Dolmetscherin, in: Flüchtlingsrat Niedersachsen: *Psychotherapie zu Dritt – Über die Arbeit mit Dolmetschern im therapeutischen Gespräch. Zeitschrift für Flüchtlingspolitik in Niedersachsen,* Sonderheft 125, Nr. 4. 26-34.

Bühlmann, Renate, Stauffer, Yvonne (2007): Bedeutung der Kommunikation in der transkulturellen Pflege, in: Domenig, Dagmar (Hg.): *Transkulturelle Kompetenz – Lehrbuch für Pflege-, Gesundheits- und Sozialberufe.* Bern: Verlag Hans Huber. 275-285.

Classen, Georg (2008): Sozialleistungen zur Finanzierung einer ambulanten Psychotherapie für Flüchtlinge, einschließlich notwendiger Fahrt- und Dolmetscherkosten, in: Flüchtlingsrat Niedersachsen: *Psychotherapie zu Dritt – Über die Arbeit mit Dolmetschern im therapeutischen Gespräch. Zeitschrift für Flüchtlingspolitik in Niedersachsen,* Sonderheft 125, Nr. 4. 46-67.

D1. Interview mit Dolmetscher 1, Transkript im Anhang.

D2. Interview mit Dolmetscher 2, Transkript im Anhang.

d'Ardenne, Patricia et al. (2007): Not lost in translation: protocols for interpreting trauma-focused CBT, in: *Behavioural and Cognitive Psychotherapy,* Vol. 35, Nr. 3. 303-316.

Darling, Liv (2004): Psychoanalytically-informed work with interpreters, in: *Psychoanalytic Psychotherapy,* Vol. 18, Nr. 3. 255-267.

Egger, Ingrid, Wedam, Uta (2003): Eure Sprache ist nicht meine Sprache. Über-setzen – Psychotherapie mittels Dolmetscherinnen, in: Pöllabauer, Sonja, Prunč, Erich (Hg.): *Brücken bauen statt Barrieren. Sprach- und Kulturmittlung im sozialen, medizinischen und therapeutischen Bereich.* Graz: Selbstverlag, Institut für Theoretische und Angewandte Translationswissenschaft. 83-92.

Flick, Uwe (2009): *Qualitative Sozialforschung – Eine Einführung.* Reinbek bei Hamburg: Rowohlt Taschenbuch Verlag.

Frachon, Alain (2010): L'ONU, la torture et le 107, avenue Parmentier, Paris, in: *Le Monde – Sélection hebdomadaire,* N° 3217, 03.07.10. 2.

Frey, Conrad (2007): Sekundärer traumatischer Stress bei den Helfenden, in: Maier, Thomas, Schnyder, Ulrich (Hg.): *Psychotherapie mit Folter- und Kriegsopfern – Ein praktisches Handbuch.* Bern: Verlag Hans Huber. 233-255.

Groß, Jan, Bock, Thomas (1988): Entwurzelung und Leben in der Fremde, in: Morten, Antonio (Hg.): *Vom heimatlosen Seelenleben; Entwurzelung – Entfremdung – Identität; der psychische Seilakt in der Fremde,* Bonn: Psychiatrie-Verlag. 13-21.

Gurris, Norbert F., Wenk-Ansohn, Mechthild (2009): Folteropfer und Opfer politischer Gewalt, in: Maercker, Andreas (Hg.): *Posttraumatische Belastungsstörung.* Heidelberg: Springer Medizin Verlag. 477-499.

Gutteta, Teshome (2002): Wahrnehmung und Erzählverhalten von Patienten aus einem Entwicklungsland bei Helfern eines Industrielandes, in:

Birck, Angelika, Pross, Christian, Lansen, Johan (Hg.): *Das Unsagbare. Die Arbeit mit Traumatisierten im Behandlungszentrum für Folteropfer Berlin.* Berlin/Heidelberg: Springer-Verlag. 31-43.

Haenel, Ferdinand (1997): Spezielle Aspekte und Probleme in der Psychotherapie mit Folteropfern unter Beteiligung von Dolmetschern, in: *Systhema 2.* 136-144, http://www.if-weinheim.de/images/stories/systhema/1997/2_1997/ Sys_2_1997_Haenel.pdf (09.01.11).

Haenel, Ferdinand (2002): Psychiatrie in der Therapie von Folterüberlebenden, in: Birck, Angelika, Pross, Christian, Lansen, Johan (Hg.): *Das Unsagbare. Die Arbeit mit Traumatisierten im Behandlungszentrum für Folteropfer Berlin.* Berlin/Heidelberg: Springer-Verlag. 173-186.

Haasen, Christian (2007): Psychische Störungen im Migrationskontext, in: Domenig, Dagmar (Hg.): *Transkulturelle Kompetenz – Lehrbuch für Pflege-, Gesundheits- und Sozialberufe.* Bern: Verlag Hans Huber. 487-501.

Hatziliadou, Christina (2009): *Dolmetschen im psychotherapeutischen Gespräch und der Umgang mit Emotionen.* Diplomarbeit Johannes Gutenberg-Universität Mainz / FTSK Germersheim.

Holm-Hadulla, Rainer M. (2005): Die therapeutische Beziehung, in: Senf, Wolfgang, Broda, Michael (Hg.): *Praxis der Psychotherapie – Ein integratives Lehrbuch.* Stuttgart/New York: Georg Thieme Verlag. 97-102.

Hoyer, Jürgen, Wittchen, Hans-Ulrich (2006): Gesprächsführung in der Klinischen Psychologie und Psychotherapie, in: Wittchen, Hans-Ulrich, Hoyer, Jürgen (Hg.). *Klinische Psychologie & Psychotherapie.* Heidelberg: Springer Medizin Verlag. 397-408.

Jäger, Urs, Reinecke, Sven (2009): Expertengespräch, in: Baumgarth, Carsten, Eisend, Martin, Evanschitzky, Heiner (Hg.): *Empirische Mastertechniken der Marketing- und Managementforschung.* Wiesbaden: Gabler. 29-76.

Knoll, Michael, Roeder, Friedhelm (1988): Der Dolmetscher als Übersetzer, Berater und Mittler in der psychiatrischen Praxis, in: Morten, Antonio (Hg.): *Vom heimatlosen Seelenleben; Entwurzelung – Entfremdung – Iden-*

tität; der psychische Seilakt in der Fremde, Bonn: Psychiatrie-Verlag. 109-130.

Leyer, Emanuela (1988): Die Grenzen unserer Sprache sind nicht die Grenzen unserer Welt, in: Morten, Antonio (Hg.): *Vom heimatlosen Seelenleben; Entwurzelung – Entfremdung – Identität; der psychische Seilakt in der Fremde,* Bonn: Psychiatrie-Verlag. 98-108.

Loos, Karin (2008): Netzwerk für traumatisierte Flüchtlinge in Niedersachsen, in: Flüchtlingsrat Niedersachsen: *Psychotherapie zu Dritt – Über die Arbeit mit Dolmetschern im therapeutischen Gespräch. Zeitschrift für Flüchtlingspolitik in Niedersachsen,* Sonderheft 125, Nr. 4. 6-9.

Maercker, Andreas (2009): Symptomatik, Klassifikation und Epidemiologie, in: Maercker, Andreas (Hg.): *Posttraumatische Belastungsstörung.* Heidelberg: Springer Medizin Verlag. 13-32.

Mayring, Philipp (1988): *Qualitative Inhaltsanalyse – Grundlagen und Techniken.* Weinheim: Deutscher Studien Verlag.

Meyers Lexikonredaktion (Hg.) (1996): *Schüler Duden Psychologie.* Mannheim/Leipzig/Wien/Zürich: Dudenverlag.

Miletic, Tania et al. (2006): *Guidelines for Working effectively with Interpreters in Mental Health Settings.* Victoria (Australia): Victorian Transcultural Psychiatric Unit (VTPU), http://www.vtpu.org.au/docs/interpreter/VTPU_GuidelinesBooklet.pdf, (14.03.11).

Miller, Kenneth E. et al. (2005): The role of interpreters in psychotherapy with refugees: an exploratory study, in: *American Journal of Orthopsychiatry,* Vol. 75, Nr. 1. 27-39.

Miörner Wagner, Anne-Marie, Brigitzer Margareta (2003): Krisenintervention und Behandlung von Schwertraumatisierten unter Beiziehung von DolmetscherInnen, in: Pöllabauer, Sonja, Prunč, Erich (Hg.): *Brücken bauen statt Barrieren. Sprach- und Kulturmittlung im sozialen, medizinischen und therapeutischen Bereich.* Graz: Selbstverlag, Institut für Theoretische und Angewandte Translationswissenschaft. 93-103.

Mirdal, G.M. (1988): The Interpreter in Cross-Cultural Therapy, in: *International Migration,* Vol. 26, Nr. 3. 327-334.

Morina, Naser (2007): Sprache und Übersetzung, in: Maier, Thomas, Schnyder, Ulrich (Hg.): *Psychotherapie mit Folter- und Kriegsopfern – Ein praktisches Handbuch.* Bern: Verlag Hans Huber. 179-201.

Moser, Catherine (2007): Traumatisierungen bei MigrantenInnen mit Folter- und Kriegserfahrungen, in: Domenig, Dagmar (Hg.): *Transkulturelle Kompetenz – Lehrbuch für Pflege-, Gesundheits- und Sozialberufe.* Bern: Verlag Hans Huber. 517-539.

P1. Interview mit Patient 1. Transkript im Anhang.

P2. Interview mit Patient 2. Transkript im Anhang.

Radtke, Sabine (2008): Arbeit mit Dolmetschern – Anforderungen an die Regelversorgung. Erfahrungen aus der ambulanten Praxis, in: Flüchtlingsrat Niedersachsen: *Psychotherapie zu Dritt – Über die Arbeit mit Dolmetschern im therapeutischen Gespräch. Zeitschrift für Flüchtlingspolitik in Niedersachsen,* Sonderheft 125, Nr. 4. 23-25.

Refugio München (2003a): Dolmetscher sind eine Brücke zwischen Kulturen, in: *Refugio Report,* November 2003. 4, http://www.refugio-muenchen.de/pdf/refugio-report-november-2003.pdf (25.03.11).

Refugio München (2003b): Gefühle – Konflikte – Amüsantes – ein Interview, in: *Refugio Report,* November 2003. 6-8, http://www.refugio-muenchen.de/pdf/refugio-report-november-2003.pdf (25.03.11).

Rey, Eibe-Rudolf (2006): Psychotische Störungen und Schizophrenie, in: Wittchen, Hans-Ulrich, Hoyer, Jürgen (Hg.). *Klinische Psychologie & Psychotherapie.* Heidelberg: Springer Medizin Verlag. 675-729.

Ruf, Martina, Schauer, Maggie, Elbert, Thomas (2008): Raum für den Dritten – Sprachmittler in der Therapie mit Flüchtlingen, in: Flüchtlingsrat Niedersachsen: *Psychotherapie zu Dritt – Über die Arbeit mit Dolmet-*

schern im therapeutischen Gespräch. Zeitschrift für Flüchtlingspolitik in Niedersachsen, Sonderheft 125, Nr. 4. 10-14.

Salman, Ramazan (2001): Sprach- und Kulturvermittlung – Konzepte und Methoden der Arbeit mit Dolmetschern in therapeutischen Prozessen, in: Hegemann, Thomas (Hg.): *Transkulturelle Psychiatrie: Konzepte für die Arbeit mit Menschen aus anderen Kulturen.* Bonn: Psychiatrie-Verlag. 169-190.

Sejdijaj, Dafina, Younansardaroud, Helen, Wegener, Ana (2002): Dolmetschen im BZFO, in: Birck, Angelika, Pross, Christian, Lansen, Johan (Hg.): *Das Unsagbare. Die Arbeit mit Traumatisierten im Behandlungszentrum für Folteropfer Berlin.* Berlin/Heidelberg: Springer-Verlag. 45-56.

Spiewak, Martin (2010): Lerne Deutsch oder leide, in: *Die Zeit,* N° 21, 20.05.10. 37-38.

Stuker, Rahel (2007): Professionelles Übersetzen, in: Domenig, Dagmar (Hg.): *Transkulturelle Kompetenz – Lehrbuch für Pflege-, Gesundheits- und Sozialberufe.* Bern: Verlag Hans Huber. 221-235.

T1. Interview mit Therapeut 1. Transkript im Anhang.

T2. Interview mit Therapeut 2. Transkript im Anhang.

The British Psychological Society (2008): *Working with Interpreters in Health Settings – Guidelines for Psychologists.* Leicester: The British Psychological Society, http://www.ucl.ac.uk/clinical-psychology/traininghandbook/sectionfiles/ Appendix_6_BPS_guidance_on_working_with_interpreters.pdf (14.03.11).

Thun, Konstantin (2003): Krankenversicherungen verweigern die Übernahme von Dolmetscherkosten, in: Tosic-Memarzadeh, Radmila et al.: *Dolmetschende im Beratungs- und Behandlungskontext.* Manual 5 der Reihe: Deutsches Rotes Kreuz/Kreisverband Freiburg/Psychosoziale Beratungsstelle für MigrantInnen (Hg.): *Materialien zur Traumaarbeit mit Flüchtlingen.* Karlsruhe: Loeper Literaturverlag im Ariadne Buchdienst. 13-14.

Tosic-Memarzadeh, Radmila et al. (2003): *Dolmetschende im Beratungs- und Behandlungskontext*. Manual 5 der Reihe: Deutsches Rotes Kreuz/ Kreisverband Freiburg/Psychosoziale Beratungsstelle für MigrantInnen (Hg.): *Materialien zur Traumaarbeit mit Flüchtlingen*. Karlsruhe: Loeper Literaturverlag im Ariadne Buchdienst.

Uluköylü, Sevgi (2005): *Verstehen und verstanden werden – Sprach- und Kulturmittlung im medizinischen Bereich – Dolmetschen für türkische Migrantinnen*. Diplomarbeit Karl-Franzens-Universität Graz, http://www.tirol.gv.at/fileadmin/www.tirol.gv.at/themen/gesellschaft-und-soziales/integration/downloads/Leitbild-neu-Stand_Jaenner_2009/AK6-Gesundheit/Dolmetschen_Medizin_DiplArbeit_05.pdf (10.05.11).

v.d. Lühe, Sabine (2008): Psychotherapie zu Dritt, in: Flüchtlingsrat Niedersachsen: *Psychotherapie zu Dritt – Über die Arbeit mit Dolmetschern im therapeutischen Gespräch*. Zeitschrift für Flüchtlingspolitik in Niedersachsen, Sonderheft 125, Nr. 4. 15-19.

v. Törne, Astrid (2009): Sprachliche Hürden Überwinden, in: Therapiezentrum für Folteropfer – Flüchtlingsberatung des Caritasverbandes für die Stadt Köln (Hg.): *Sprachliche Hürden überwinden – DolmetscherInnen als Sprach- und KulturmittlerInnen in Psychotherapie und Beratung*, Themenheft 2008/2009. Köln. 5-15.

Wedam, Uta (2009): Sprachkultur – Plädoyer für das Dolmetschen im therapeutischen Kontext, in: Andres, Dörte, Pöllabauer, Sonja (Hg.): *Spürst du, wie der Bauch rauf-runter? Fachdolmetschen im Gesundheitsbereich*. München: Martin Meidenbauer Verlagsbuchhandlung. 181-195.

Weiss, Regula, Stuker, Rahel (1998): *Übersetzung und kulturelle Mediation im Gesundheitssystem – Grundlagenbericht*. Neuchâtel: Schweizerisches Forum für Migrationsstudien.

Wenk-Ansohn, Mechthild (2002): Folgen sexualisierter Folter – Therapeutische Arbeit mit kurdischen Patientinnen, in: Birck, Angelika, Pross, Christian, Lansen, Johan (Hg.): *Das Unsagbare. Die Arbeit mit Traumatisierten im Behandlungszentrum für Folteropfer Berlin*. Berlin/Heidelberg: Springer-Verlag. 57-77.

Westermeyer, Joseph (1990): Working with an Interpreter in Psychiatric Assessment and Treatment, in: *The Journal of Nervous and Mental Disease,* Vol. 178, Nr. 12. 745-749.

Wittchen, Hans-Ulrich et al. (2006): Klinisch-psychologische und psychotherapeutische Verfahren im Überblick, in: Wittchen, Hans-Ulrich, Hoyer, Jürgen (Hg.): *Klinische Psychologie & Psychotherapie.* Heidelberg: Springer Medizin Verlag. 409-433.

Wittchen, Hans-Ulrich, Hoyer, Jürgen (2006a): Was ist Klinische Psychologie? Definitionen, Konzepte und Modelle, in: Wittchen, Hans-Ulrich, Hoyer, Jürgen (Hg.): *Klinische Psychologie & Psychotherapie.* Heidelberg: Springer Medizin Verlag. 3-23.

Wittchen, Hans-Ulrich, Hoyer, Jürgen (2006b): Diagnostische Prozesse in der Klinischen Psychologie und Psychotherapie, in: Wittchen, Hans-Ulrich, Hoyer, Jürgen (Hg.): *Klinische Psychologie & Psychotherapie.* Heidelberg: Springer Medizin Verlag. 349-382.

Online-Einträge

BAfF (1) *Kurzporträt BafF.* Bundesweite Arbeitsgemeinschaft der Psychosozialen Zentren für Flüchtlinge und Folteropfer e.V., http://www.baff-zentren.org/index.php?option=com_content&view =article&id=46&Itemid=125 (30.03.11).

BafF (2) *III. Allgemeine Anforderungen.* Bundesweite Arbeitsgemeinschaft der Psychosozialen Zentren für Flüchtlinge und Folteropfer e.V., http://www.baff-zentren.org/index.php?option=com_content&view= article&id=106%3Aallgemeine-anforderungen&catid=37%3Aleitlinien &Itemid=127 (30.03.11).

BafF (3) *Fundraising.* Bundesweite Arbeitsgemeinschaft der Psychosozialen Zentren für Flüchtlinge und Folteropfer e.V., http://www.baff-zentren.org/index.php?option=com_content&view =article&id=76:fundraising&catid=48:fundraising&Itemid=68 (30.03.11).

Bayzent *Dolmetscher-Service für das Gesundheits- und Sozialwesen in München.* Bayerisches Zentrum für Transkulturelle Medizin e.V., http://www.bayzent.de/dolm.html (30.03.11).

Bibliographisches Institut & F. A. Brockhaus AG (1) *Persische Sprache.* Brockhaus Enzyklopädie Online, http://www.brockhaus-enzyklopaedie.de/be21_article.php?document_id =b24_16069602 (17.02.11).

Bibliographisches Institut & F. A. Brockhaus AG (2) *Kurden.* Brockhaus Enzyklopädie Online, http://www.brockhaus-enzyklopaedie.de/be21_article.php?document_id =b24_16069602#3 (17.02.11).

VPP *Was ist Psychotherapie?.* Verband Psychologischer Psychotherapeuten, http://www.vpp.org/psychologie/psychotherapie.html (29.01.11).

Anhang

a) Leitfaden zur Befragung der Therapeuten/innen

1. Vorspann

1.1. Allgemeine Hintergrundinformationen
MAKD-Studentin; Abschlussarbeit *Dolmetschen im psychotherapeutischen Setting*

1.2. Konkrete Informationen bzgl. des Interviews
Einholen der Erlaubnis für die Aufzeichnung des Interviews mittels Diktiergerät; Versicherung der vertraulichen Behandlung der so gewonnenen Daten; Versicherung der anonymisierten Verwendung der so gewonnenen Daten

2. Hauptteil

2.1. Fragen zur Person
2.1.1. Geschlecht m   w
2.1.2. Wie lange sind Sie bereits als Therapeut/in tätig?
2.1.3. Wie lange davon in dieser Einrichtung?

2.2. Fragen zur Erfahrung mit Dolmetschern/innen in der Psychotherapie
2.2.1. Wie lange arbeiten Sie bereits mit Dolmetschern/innen zusammen?
2.2.2. Gab es eine Vorbereitung auf Ihre erste Zusammenarbeit mit Dolmetschern/innen ?
2.2.3. Wie und von wem wird dem/der Patienten/in das Aufgabenspektrum des/der Dolmetschers/in erklärt?
2.2.4. Ist es im Rahmen der Zusammenarbeit mit Dolmetschern/innen bereits zu Problemen gekommen?
2.2.5. Welches Konfliktpotential sehen Sie in der Therapie zu dritt?
2.2.6. Inwiefern sind die Dolmetscher/innen Ihrer Erfahrung nach auf den Einsatz in der Therapie vorbereitet?
2.2.7. Wie könnte diese Vorbereitung optimiert werden?

2.3. Fragen zur Therapiegestaltung mit Dolmetscher/in
2.3.1. Wird für die Dauer einer Therapie immer mit der gleichen Besetzung gearbeitet?

2.3.2. Falls ja: Inwiefern hat sich das bewährt?

2.3.3. Welche Nachteile gibt es?

2.3.4. Was wären Gründe, die für einen Dolmetscherwechsel sprächen?

2.3.5. Konzipieren Sie die Therapie anders, wenn ein/e Dolmetscher/in daran teilnimmt?

2.3.6. Nehmen Sie in der Therapiesitzung Rücksicht auf den/die Dolmetscher/in (Ausdruck, Tempo, Pausen etc.)?

2.3.7. Wird dem/der Dolmetscher/in die Möglichkeit eingeräumt, zur Klärung von sprachlichen Missverständnissen zu unterbrechen / nachzufragen?

2.3.8. Wer bestimmt die Sitzordnung?

2.3.9. Welche Faktoren sind dabei ausschlaggebend?

2.3.10. Wen schauen Sie im Gespräch an (Patient/in; Dolmetscher/in; beide)?

2.3.11. Bevorzugen Sie eine Verdolmetschung in der 1. oder der 3. Person Singular? Warum?

2.3.12. Gibt es Vor-/Nachgespräche mit dem/der Dolmetscher/in?

2.3.13. Welchen Einfluss hat der Umstand, dass die Therapie durch die Verdolmetschung verlangsamt wird, auf den Therapieverlauf?

2.3.14. Ist es für Sie befremdlich, dass Patient/in und Dolmetscher/in häufig eine Sprache und einen kulturellen Hintergrund teilen, die Ihnen fremd sind?

2.3.15. Wie definieren Sie die Rolle des/der Dolmetschers/in?

3. Schlussteil

3.1. Welche Schwierigkeiten sehen Sie generell in der Zusammenarbeit mit Dolmetschern/innen?

3.2. Welche Chancen sehen Sie in der Zusammenarbeit mit Dolmetschern/innen?

3.3. Wie könnte die Zusammenarbeit für alle Beteiligten optimiert werden?

3.4. Gibt es neben dem, worüber wir bereits gesprochen haben, noch Aspekte in diesem Kontext, die aus Ihrer Sicht wichtig oder erwähnenswert sind?

3.5. Dank; erneute Versicherung der vertraulichen Behandlung der Daten

b)   Leitfaden zur Befragung der Dolmetscher/innen

1.   Vorspann

1.1.   Allgemeine Hintergrundinformationen
MAKD-Studentin; Abschlussarbeit *Dolmetschen im psychotherapeutischen Setting*

1.2.   Konkrete Informationen bzgl. des Interviews
Einholen der Erlaubnis für die Aufzeichnung des Interviews mittels Diktiergerät; Versicherung der vertraulichen Behandlung der so gewonnenen Daten; Versicherung der anonymisierten Verwendung der so gewonnenen Daten

2.   Hauptteil

2.1.   Fragen zur Person
2.1.1. Geschlecht m   w
2.1.2. Welcher Nationalität sind Sie?
2.1.3. Wie lange leben Sie schon [im deutschsprachigen Teil Mitteleuropas]?
2.1.4. Wie lange arbeiten Sie schon in dieser Einrichtung?

2.2.   Fragen zum beruflichen Werdegang
2.2.1. Wie kamen Sie zum Dolmetschen?
2.2.2. Mit welchen Sprachen arbeiten Sie?
2.2.3. Wo haben Sie Ihre sprachlichen Kenntnisse erworben?
2.2.4. In welchem Bereich arbeiten Sie hauptsächlich?
2.2.5. Wie kamen Sie dazu, im psychotherapeutischen Bereich zu dolmetschen?

2.3.   Fragen zum Dolmetschen im psychotherapeutischen Setting
2.3.1. Wie sah die Vorbereitung auf Ihren ersten Einsatz aus?
2.3.2. Haben Sie sich im Voraus Fachkenntnisse zur Psychotherapie angeeignet?
2.3.3. Haben Sie eine Schulung zum Thema Psychotherapie erhalten?
2.3.4. Waren Sie dadurch umfassend auf den Einsatz vorbereitet?

2.4. Fragen zur Arbeit im Trio Therapeut/in-Dolmetscher/in-Patient/in

2.4.1. Haben Sie das Gefühl, dass die anderen Therapiebeteiligten Rücksicht auf Sie als Dolmetscher/in nehmen (Ausdruck, Tempo, Pausen, Sitzordnung etc.)?

2.4.2. Haben Sie das Gefühl, dass die anderen Therapieteilnehmer im Gespräch eigentlich Sie ansprechen oder kommunizieren sie direkt miteinander?

2.4.3. Besteht die Möglichkeit, dass Sie den Dialog P-T unterbrechen, um zur Klarstellung nachzufragen?

2.4.4. Sind im Rahmen der Zusammenarbeit bereits Probleme aufgetreten?

2.5. Fragen zur Situation des/der Dolmetschers/in außerhalb der Sitzung

2.5.1. Finden regelmäßige Besprechungen vor/nach der Sitzung statt?

2.5.2. Ist die erste Sitzung zu Beginn einer Therapie länger als die späteren?

2.5.3. Was kommt dort zur Sprache? (Ihr Eindruck vom Patienten etc.; was fehlt?)

2.5.4. Haben Sie die Möglichkeit regelmäßig/bei Bedarf Supervision in Anspruch zu nehmen?

2.5.5. Haben Sie diese bereits genutzt? (Falls **nein** weiter bei 2.5.7.)

2.5.6. Möchten Sie dazu etwas sagen? (Passt es für Dolmetscher etc.?)

2.5.7. Welche Aspekte der Zusammenarbeit empfinden Sie als besonders belastend?

2.5.8. Welche Aspekte der Zusammenarbeit empfinden Sie als besonders positiv?

2.5.9. Inwieweit fühlen Sie sich in das Team der Einrichtung integriert?

2.6. Fragen zum Selbstverständnis des/der Dolmetschers/in

2.6.1. Wie verstehen Sie Ihre Rolle als Dolmetscher/in in der Therapie?

2.6.2. Unter welchen Umständen würden Sie einen Auftrag ablehnen?

3. Schlussteil

3.1. Gibt es aus Ihrer Sicht als Dolmetscher/in Anregungen dafür, wie die Zusammenarbeit verbessert werden könnte?

3.2. Dank; erneute Versicherung der vertraulichen Behandlung der Daten

c) Leitfaden zur Befragung der Patienten/innen

1. Vorspann

1.1. Allgemeine Hintergrundinformationen
MAKD-Studentin; Abschlussarbeit *Dolmetschen im psychotherapeutischen Setting*

1.2. Konkrete Informationen bzgl. des Interviews
Einholen der Erlaubnis für die Aufzeichnung des Interviews mittels Diktiergerät; Versicherung der vertraulichen Behandlung der so gewonnenen Daten; Versicherung der anonymisierten Verwendung der so gewonnenen Daten

2. Hauptteil

2.1. Fragen zur Person
2.1.1. Geschlecht   m   w
2.1.2. Welcher Nationalität sind Sie?
2.1.3. Wie lange leben Sie schon [im deutschsprachigen Teil Mitteleuropas]?
2.1.4. Was ist Ihre Muttersprache?
2.1.5. Sprechen Sie im Alltag Deutsch?
2.1.6. Wie lange werden Sie hier bereits behandelt?

2.2. Fragen zur Erfahrung mit Dolmetschern/innen in der Psychotherapie I
2.2.1. Weil wir nicht die gleiche Sprache sprechen, werden wir bei unserem Gespräch von einem/r Dolmetscher/in unterstützt. Falls Sie deshalb manche Fragen über Ihre Erfahrungen mit Dolmetschern/innen nicht beantworten möchten, schütteln Sie einfach den Kopf, und wir machen mit einer anderen Frage weiter. Einverstanden?
2.2.2. Von wem kam der Vorschlag, eine/n Dolmetscher/in hinzuzuziehen?
2.2.3. Wer hat den/die Dolmetscher/in ausgewählt?
2.2.4. Durften Sie Wünsche bzgl. Alter/Geschlecht/Nationalität des/der Dolmetschers/in äußern?
2.2.5. Wurde Ihnen auch angeboten, evtl. mit einem/einer anderen Dolmetscher/in zusammen zu arbeiten?
2.2.6. Unter welchen Umständen würden Sie um eine/n andere/n Dolmetscher/in bitten?

2.2.7. Wie wurden Sie auf die Zusammenarbeit mit dem/der aktuellen Dolmetscher/in vorbereitet? (Aufgabenspektrum, Schweigepflicht etc.)

2.2.8. Gibt es noch andere Informationen, die Sie gerne vorher erhalten hätten?

2.3. Fragen zur Erfahrung mit Dolmetschern/innen in der Psychotherapie II

2.3.1. Kannten Sie den/die Dolmetscher/in schon, bevor Sie Ihre Therapie hier begonnen haben?

2.3.2. Haben Sie außerhalb der Therapie Kontakt zum/zur Dolmetscher/in?

2.3.3. Sprechen Sie anders, weil Ihre Äußerungen vom/von der Dolmetscher/in übertragen werden (Ausdruck, Tempo, Pausen etc.)?

2.3.4. Irritiert es Sie, wenn der/die Dolmetscher/in die Äußerungen des/der Therapeuten/in überträgt und dabei die 'Ich-Form' verwendet?

2.3.5. Blicken Sie im Gespräch zum/zur Therapeuten/in oder zum/zur Dolmetscher/in? Warum?

2.3.6. Haben Sie eine engere Bindung zum/zur Therapeuten/in oder zum/zur Dolmetscher/in?

2.3.7. Hat sich das im Verlauf der Therapie verändert?

2.3.8. Sind in der Zusammenarbeit mit Dolmetschern/innen schon einmal Probleme aufgetreten? Möchten Sie dazu etwas sagen?

2.3.9. Welche Rolle spielt der/die Dolmetscher/in für die kulturelle Vermittlung?

3. Schlussteil

3.1. Welche Schwierigkeiten sehen Sie generell bei der Zusammenarbeit mit Dolmetschern/innen in der Therapie?

3.2. Welche Chancen sehen Sie generell in der Zusammenarbeit mit Dolmetschern/innen in der Therapie?

3.3. Wie könnte die Zusammenarbeit für alle Beteiligten optimiert werden?

3.4. Gibt es neben dem, worüber wir bereits gesprochen haben, noch Aspekte in diesem Kontext, die aus Ihrer Sicht wichtig oder erwähnenswert sind?

3.5. Dank; erneute Versicherung der vertraulichen Behandlung der Daten

1 d)   **Transkript des Interviews mit T1**
2   15.10.2010 in E1
3   Gesamtlänge der Aufnahme: 43:31 Minuten
4   Interviewpartner: **Köllmann** und T1
5
6 **Therapeuteninterview 1 am 15.10. in (XXX). Sie sind männlich, fürs**
7 **Protokoll. Wie lang sind Sie bereits als Therapeut tätig?**
8 Ja also hier [bei E1] seit Februar letzten Jahres. Und davor ich hab die
9 Ausbildung gemacht und hab auch vorher so ein bisschen therapeutisch
10 schon mit Flüchtlingen gearbeitet aber im Prinzip kann man sagen so seit
11 ja, wie lang ist denn das jetzt, so eineinhalb Jahre ungefähr.
12 **Okay. Ein paar Fragen zu Ihrer Erfahrung mit Dolmetschern in der**
13 **Psychotherapie: Dann arbeiten Sie auch bereits seit diesem**
14 **Zeitraum mit Dolmetschern zusammen?**
15 Mhm. Vorher vorher hab ich noch nie Dol- mit Dolmetschern gearbeitet.
16 **Gab's denn eine Vorbereitung auf Ihre erste Zusammenarbeit mit**
17 **Dolmetschern?**
18 Eigentlich nicht. Es gibt was heißt Vorbereitung es gibt so ein paar
19 Vereinbarungen, die's zu berücksichtigen gilt, da hab ich mir so n, so n
20 Leitfaden oder so was durchgelesen. Aber jetzt nicht irgendso ne
21 Schulung oder sowas.
22 **Okay. Der wurde Ihnen dann hier [von der Einrichtung] zur**
23 **Verfügung gestellt.**
24 (bejaht nonverbal)
25 **Wer erklärt denn dem Patienten oder der Patientin das**
26 **Aufgabenspektrum des Dolmetschers? Sind Sie das, macht das der**
27 **Dolmetscher selbst?**
28 Ne, des sollte ich ihm erklären. Das Aufgabenspektrum – also es ist
29 eigentlich eher so, dass wir die Patienten also bei Gelegenheit vielleicht
30 nochmal dazu sagen was der Dolmetscher nicht sollte, ja. Also es sollte
31 keine privaten Kontakte geben zwischen Dolmetscher und Patient, es
32 sollte eigentlich auch keine umfangreicheren Gespräche auch hier [in
33 E1] außerhalb der Therapie zwischen den beiden geben. Sicher kommt's
34 immer mal vor, dass natürlich die sich guten Tag sagen können und
35 vielleicht so ein paar Sätze wechseln können, aber es sollte eigentlich
36 keine, ja persönliche Beziehung entstehen, ja. Was natürlich für den
37 Patienten auch immer wieder also gern gesucht wird, ja, es is- sie
38 merken, es sind ihre Landsleute und die sprechen ihre Sprache und für
39 viele all- allein die Tatsache, dass das jemand ist, der aus dem gleichen
40 Land kommt, sind das dann schon so wie Verbündete und die können

41 dann oft auch gar nicht verstehen, dass es da so eine gewisse
42 Abstinenzregel quasi gibt, ja, für die Dolmetscher. Bei manchen
43 Patienten ist das überhaupt kein Problem, da kommen auch da braucht
44 man gar nichts dazu sagen weil's gar keine entsprechende Situation gibt,
45 die merken das irgendwie intuitiv. Bei andern muss man da sehr massiv
46 immer wieder dran erinnern, weil's immer wieder dazu kommt dass die
47 die Dolmetscher irgendwie ansprechen oder ja. Und und und wo's dann
48 auch wirklich so Irritationen gibt die man so richtig dann in der Therapie
49 auch bearbeiten muss, also es scheint insbesondere ein Patient, der sehr
50 kommunikativ ist, auch ein bisschen dazu neigt, so ein bisschen
51 übergriffig zu werden, der sich für alles möglich interessiert, auch was
52 mein Privatleben zum Beispiel als Therapeut betrifft und so, da muss
53 man dann also schon sehr die Grenzen setzen und bei den Dolmetschern
54 auch. Und für die Dolmetscher ist es glaub ich manchmal gar nicht so
55 einfach, das für sich zu tun. Also die sagen dann schon „Ja ne, darüber
56 darf ich mit dir jetzt nicht weiter reden." oder so, aber das wird dann
57 manchmal von den Patienten auch nicht akzeptiert, so dass wir das dann
58 hier in der Therapie besprechen müssen.
59 **Okay.**
60 Da muss ich dann quasi dem Dolmetscher so n bisschen unter die Arme
61 greifen, für ihn die die Regeln dann nochmal klar machen und die
62 Grenzen setzen.
63 **Okay. Sind denn darüber hinaus – abgesehen davon, dass diese**
64 **Grenze eben nicht akzeptiert wurde – schon mal Probleme**
65 **aufgetreten in der Zusammenarbeit mit Dolmetscher und Patient**
66 **und Ihnen, so im Dreiergespräch?**
67 Naja also insbesondere bei dem einen Patienten da gab's also die
68 Situation, dass des ist ein Iraner und es ist immer es gibt jedes Jahr so n
69 iranisches Fest, so n Neujahrsfest oder so und da haben die sich
70 irgendwie so im Park getroffen, also der Patient hat den Dolmetscher da
71 ausfindig gemacht oder hat gesehen, dass er rumgestanden ist, ist dann
72 hin und hat gesagt „Komm, wir trinken zusammen Bier." oder so und
73 wollte mit ihm dann auch so ein bisschen privat reden und dann hat der
74 Dolmetscher gesagt „Ne, das geht nicht." ja, und dann war der Patient
75 beleidigt, ja. Und und des war dann wirklich wir haben dann glaub ich
76 zwei, drei Therapiesitzungen damit verbracht, das irgendwie so wieder
77 einigermaßen ins Lot zu bringen.
78 **Okay. (lacht) Inwiefern sehen Sie denn Konfliktpotential in der**
79 **Therapie zu dritt?**

80 Konfliktpotential. (___) Ein bisschen Nachdenken. (___) Also einmal ist
81 es natürlich so, dass es durchaus persönliche Antipathien geben kann
82 zwischen Dolmetscher und Patient, also dass zum Beispiel der
83 Dolmetscher irgendwie diesen Patienten überhaupt nicht mag, so aus
84 persönlichen Gründen. Das ist glaube ich für n Dolmetscher nicht
85 unbedingt einfach sowas wirklich wegzustecken, wird aber eigentlich
86 von ihm verlangt. Und es kann natürlich auch umgekehrt sein. Also es
87 kann natürlich dann auch immer sein, dass solche Antipathien lassen sich
88 nicht immer so ve- verstecken und dass dann so Störungen zwischen
89 Patient und Dolmetschern entstehen können, ja, dass sich dann so n
90 bisschen aufschaukelt. Hab ich in der in der Therapie jetzt so nich- noch
91 nicht erlebt, aber w- wär theoretisch vorstellbar. Dann ist es so, dass wir
92 Dolmetscher haben, die also zum Beispiel jetzt am Beispiel der der
93 Tschetschenen, die sp- die werden oft von russischen Dolmetschern
94 gedolmetscht, wir haben mittlerweile auch tschetschenische, also
95 Tschetschenisch sprechende Dolmetscher, aber oft sind laufen die
96 Therapien auf Russisch und ich mein die haben also ich hab zum
97 Beispiel auch also Kämpfer dabei, die also auch die Russen bekriegt
98 haben, und das ist sicher auch nicht einfach für einen Russen, da einen
99 Patient sitzen zu haben, der wo er weiß, der hat meine Landsleute
100 umgebracht, ja. Also solche Situationen können entstehen. Oder zum
101 Beispiel auch wir haben Dolmetscher die also auch verschiedene
102 Sprachen sprechen, oder [unverständlich] zum Beispiel die Kurdin, die
103 aber auch also hier die die eine Dolmetscherin [D1], die Sie ja
104 kennengelernt haben, die ist die übersetzt für Farsi, ist aber auch Kurdin
105 und wir ham zum Beispiel ich hab jetzt n anderen Iraner, der lästert öfter
106 über die Kurden, ja, der wertet die sehr ab. Gut, die beiden kennen sich
107 nicht, die haben nichts miteinander zu tun, aber wenn's so wäre, könnte
108 ich mir vorstellen, dass es da in dem Fall für die Dolmetscherin [D1]
109 sehr schwer wäre, wenn sie dann jemand hätte, der über ihre ihr ihr ihr
110 Volk so abwertend sprechen würde also. Und so kann ich mir also
111 Konflikte auch vorstellen.
112 **Inwiefern sind denn Ihrer Erfahrung nach die Dolmetscherinnen**
113 **und Dolmetscher auf den Einsatz in der Psychotherapie vorbereitet?**
114 Also die die werden hier geschult, die haben ne Schulung und
115 bekommen ja auch immer Supervision. Und es ist so, dass wir ja also
116 zumindest theoretisch, manchmal kann man's nicht umsetzen, aber im
117 Prinzip versuchen, unsere Therapie rechtzeitig zu beenden, dass am
118 Schluss immer noch ein paar Minuten übrig sind, um die Therapie zu
119 besprechen, das heißt also vo- einmal werden sie vorbereitet durch diese

120 Schulung und dann gibt's natürlich auch einfach immer die Möglichkeit
121 durch Supervision, durch das Gespräch sich dann nochmal
122 weiterzubilden und noch besser in dieses in dieses Arbeitsgebiet
123 einzuarbeiten, ja. Also dass man dass sie dann so ne Rückmeldung vom
124 Therapeuten bekommen, „Das da, das musst mal noch n bisschen anders
125 machen." und so.
126 **Könnte diese Vorbereitung irgendwie optimiert werden? Also haben**
127 **Sie schon mal gemerkt, dass irgendwas nicht Teil der Schulung war**
128 **oder auch in der Supervision nicht angesprochen wurde, was dann**
129 **hier gefehlt hat?**
130 Also ich denke es gibt bei manchen bei manchen manche Dolmetscher
131 neigen dazu, nicht exakt zu dolmetschen. Also es ist es ist auch wirklich
132 ich stell mir das sehr sehr schwer vor, wir haben auch umgekehrt, also
133 für die Therapeuten schon ne Schulung gehabt, wie mit Dolmetschern zu
134 arbeiten ist, ja, wo dann Dolmetscher kamen und wir dann zum Beispiel
135 so n so n Rollenspiel gespielt haben, wo es um die Therapeuten- und
136 Dolmetscherrolle gegangen sind, und nur zum Beispiel auf Deutsch
137 einfach das weitergegeben haben, was zwei andere da jeweils sagen.
138 Und allein die Situation auch nur auf Deutsch zu machen hat gezeigt: Es
139 ist sehr sehr schwer wirklich exakt dabei zu bleiben, was derjenige sagt,
140 und nicht dann irgendwie das quasi den Wortlaut vergessen zu haben
141 und dann irgendwie so mit eigenen Worten was zu sagen, ja. Das heißt
142 allein schon aus der Situation ist es glaube ich verlockend, irgendwie
143 zusammenzufassen oder vielleicht auch n bisschen was dazu zu tun, das
144 ist sehr schwer für den Dolmetscher da genau da- dabei zu bleiben. Viele
145 und grade wenn dann irgendwie so der Dolmetscher den Eindruck hat
146 der Patient der drückt sich irgendwie ungenau aus, da neigen manche
147 oder wirklich sehr weitschweifig in seinen Ausführen, neigen manche
148 Dolmetscherinnen dazu, das irgendwie zu zusammenzufassen und dem
149 Pa- dem Therapeuten zu erklären, ja, also irgendwie so ne quasi nochmal
150 ne eigene Version dazu zu tun. Das merkt man manchmal natürlich
151 nicht, manchmal merkt man's aber auch als Therapeut und muss dann
152 die Dolmetscherin drauf aufmerksam machen, dass sie dies nun wenn
153 möglich nicht machen soll. Das bekommen die schon in der Schulung
154 gesagt, ja, aber wie gesagt die die Verlockung da dem Therapeut das ist
155 das machen die nicht bösartig, das machen die irgendwie um die
156 Situation irgendwie zu verbessern. Des die Verlockung ist groß, es gibt
157 einige Dolmetscher, die dazu neigen, und an- andere die die also die sehr
158 routinierte Dolmetscher, [unverständlich] die routiniertesten, da man
159 merkt man, die übersetzen wirklich jedes Hüsteln dazwischen, ja, also da

160 entstehen natürlich auch komische Geschichten, wenn dann irgendwie
161 wir uns nicht verstehen und ich sage „Ich hab das jetzt nicht verstanden."
162 und der Patient sagt dann irgendwie „Ich hab's auch ich hab's nicht
163 verstanden.", dann sagt der Dolmetscher ständig „Ich hab's nicht
164 verstanden, ich hab's nicht verstanden.", so, ja, und das ist dann schon so
165 ein bisschen merkwürdig. Aber da weiß ich dann wirklich genau: Er
166 übersetzt jedes Wort, was der gesagt hat. Und es ist für mich eigentlich
167 als Therapeut gut, weil ich merk dann, dass es da irgendwie zum Teil
168 natürlich Verständnisprobleme gibt, ich merk aber auch, wenn ein
169 Patient dann irgendwie sich ungenau ausdrückt, ja, wenn also der Th-
170 Dolmetscher nicht hingeht und das glättet und glaubt zu verstehen, was
171 der sagen will und mir dann irgendwie ne ne für mich kongruente
172 Version dann bringt, sondern es es kommt irgendwas Irritierendes bei
173 mir an, das ist wichtig, weil das ist ne Information für mich, dass
174 irgendwie der Patient in dem Moment sich nicht ausdrücken kann oder
175 dass dass also dass ist das können ganz wichtige Informationen sein, ja.
176 Also zum Beispiel grad im in Erstgesprächen ist sowas sehr wichtig,
177 weil es durchaus sein kann, dass wir hier durchaus paranoide Leute
178 haben, also die eigentlich eher psychiatrisch erkrankt sind, oder
179 psychiatrisch in dem Sinne mit Psychose hier ankommen und das muss
180 man wissen, weil dann ist ne ganz andere Behandlung indiziert als als
181 hier mit ner posttraumatischen Belastungsstörung. Und das ist immer so
182 ein bisschen also der das würd ich sagen ist ein gewisses Problem, das
183 sich immer wieder in der Therapie eben stellt.
184 **Sie haben gerade Ihre Schulung mit Rollenspielen und so**
185 **angesprochen. Fanden Sie das hilfreich? Hat Ihnen das nochmal**
186 **einen anderen Blickwinkel auf die Arbeit der Dolmetscher gegeben?**
187 Ja, absolut. Also ich find's wirklich bewundernswert, was die teilweise
188 für n für n Gedächtnis haben, ja, also ich persönlich (lacht), also wie
189 gesagt, wir haben's nur auf Deutsch gemacht, es ging nicht darum,
190 irgendwie das noch von einer Sprache in eine andere zu übersetzen, das
191 heißt, ich musste einfach nur nachplappern was quasi der jeweils der an-
192 der Patient der also in der Patientenrolle und der mit Therapeutenrolle so
193 gesagt hat. Und mir ist das so schwer gefallen, also da wirklich dabei zu
194 bleiben was was der gesagt hat, und nicht irgendwie ne Formulierung
195 anders zu machen, also und selbst auf Deutsch kam dann manchmal
196 schon hab ich manchmal irgendeine Formulierung anders gemacht, was
197 dann schon wieder den Sinn so ein bisschen verändert hat, ja. Ich mein
198 gut, es ist natürlich in der Übersetzung immer schwer, genau den Sinn
199 dann auch zu treffen, und aber allein schon mal dieser diese

200 Gedächtnisfähigkeit ist bewundernswert, weil ich kann mir vielleicht so
201 drei, vier Sätze merken maximal, also eher zwei, ja, und ich hab manche
202 Dolmetscher, da kann ich minutenlang reden, ja. Also ich weiß bei
203 manchen mach ich kurze Sätze, weil die nicht so so sch- so viel
204 Kapazität haben und manche die routiniert sind, da kann ich ein paar also
205 weiß ich nicht aber wirklich also zehn Sätze, 15 Sätze so am Stück sagen
206 und die können das locker dann übersetzen. Und ich hab auch s- den
207 Eindruck, es kommt alles drüben an oder auch umgekehrt in die andere
208 Richtung, nämlich der Patient redet und redet und redet und ich denk
209 „Hoppla, wieso sagst du nicht stopp?", ja, also es ist schon sehr
210 bemerkenswert.
211 **Aber die Dolmetscher haben dann schon die Möglichkeit zu sagen:**
212 **„Moment ganz kurz ich muss – "?**
213 Absolut ja, absolut also wenn die sind auch müssen uns schon wenn's
214 ihnen zu viel wird und das verstehen auch die Patienten in der Regel,
215 wenn dann der Dolmetscher die Hand hebt und sagt „So, jetzt muss ich
216 erstmal übersetzen.".
217 **Dürfen denn auch Rückfragen gestellt werden? Also hat der**
218 **Dolmetscher auch die Möglichkeit zu unterbrechen, um irgend'ne**
219 **Klarstellung zu erreichen, wenn er was sprachlich zum Beispiel**
220 **nicht –**
221 Ja, natürlich, die sind da ganz sind da ganz frei. Also das machen sie
222 immer mal wieder wenn irgendwelche Verständigungsschwierigkeiten
223 entstehen.
224 **Wird denn für die Dauer einer Therapie dann immer mit der**
225 **gleichen Besetzung gearbeitet?**
226 Ja, eigentlich schon, weil es ist ja das ist ja schon so ne Therap- ne
227 therapeutische Beziehung ist ja ne sehr intime Beziehung, und der
228 Dolmetscher der ist da mit Teil, und der ich glaub da also ich glaub die
229 Patienten bauen auch ne ne intime Beziehung zu dem Dolmetscher auf,
230 ja. Also das ist der ist da ein Teil von diesem Team was da irgendwie
231 zusammenarbeitet und sie sagen ja also sollte zumindest die Möglichkeit
232 bestehen, in der Therapie alles zu sagen, die intimsten Sachen, die
233 belastendsten Sachen, die schwierigsten Erlebnisse, die sie gemacht
234 haben und an allem nimmt ja der Dolmetscher mit teil und und es ist
235 dann schon auch so, dass gra- in der Anfangsphase manche Patienten
236 sagen „Ne, ich hätte gerne n andern Dolmetscher.", ja, also vielleicht so,
237 ja, das ist das ist schon was manche Leute gesagt haben, so nach dem
238 Erstgespräch oder so „Ja, bei der Therapie hätte ich gern jemand
239 anderen.", also vielleicht auch vom Geschlecht her. Also meistens ist es

240 so, dass gleichgeschlechtliche Dolmetscher da sind, aber wie Sie jetzt in
241 dem Beispiel [heute hier] gesehen haben nicht immer, also ich glaube es
242 ist umgekehrt so, also es ist so, dass bei Frauen, bei weiblichen
243 Patienten, schon meistens weibliche Dolmetscher sind, Männer,
244 männliche Patienten arbeiten durchaus also es ist prinzipiell auch ein
245 bisschen leichter mit ner Frau als Dolmetscher zu arbeiten, ja. Wobei's ja
246 durchaus so ist, dass das in unserm bei unserm Klientel auch sehr
247 schambesetzte Sachen sind, die da ans Tageslicht kommen, also es ist ja
248 so, dass auch bei männlichen Gefangenen sehr oft es zu sexualisierter
249 Gewalt kommt, also dass Männer auch vergewaltigt werden, was grade
250 von Leuten die aus einem islamischen Kulturkreis kommen extrem
251 schambesetzt ist, und und dann ist es auch nochmal ein ne Sache, wer ist
252 da Dolmetscher, ja. Wobei ich glaub irgendwie der Unterschied ist gar
253 nicht ist es für manchen sogar leichter, das irgendwie ner Frau gegenüber
254 zu sagen als nem andern Mann.
255 **Was wären denn für Sie Gründe, die für einen Dolmetscherwechsel**
256 **sprechen würden? Gibt's da irgendwas?**
257 Ja also einmal wenn ich merke das ist irgendw- es gibt da n Konflikt, ja,
258 der irgendwie sich auch nicht auflösbar der nicht auflösbar ist, also erst
259 quasi das Erste was man tut würde wär schon erstmal zu schauen: Gibt's
260 da irgendwie einfach nur kann man gibt's ne Aussprache, ist ne
261 Aussprache möglich oder so, aber wenn da irgendwie ne nicht auflösbare
262 Störung wäre, wenn ich merken würde, also es ist irgendwie der Patient
263 hat zum Beispiel am Anfang sich nicht getraut zu sagen, oder sich nicht
264 getraut, den Dolmetscher abzulehnen und ich merke irgendwie es hängt
265 vielleicht am Dolmetscher, dass der irgendwie sich in der Therapie
266 gehemmt fühlt. Es wär zum Beispiel ein Grund wenn ich irgendwie
267 wenn es vielleicht doch mal dazu gekommen ist, dass sich irgendwie
268 Dolmetscher und Patient irgendwie zu sehr privat angefreundet haben
269 und da irgendwie so die Neutralität irgendwie nicht mehr bes- bestünde,
270 ja. Also kann durchaus sein, ja, wi- wir können ja auch nicht dem
271 Dolmetschern vorschreiben, was er privat irgendwie tut, und wenn er
272 irgendwie da jemand so nun sympathisch findet und die sich eben privat
273 dann angefreundet haben, das können sie ja machen, aber dann ist er
274 vielleicht dann sollte er vielleicht nicht mehr dolmetschen in der mit
275 diesem jeweiligen Patienten. Also das wären so ein paar Gründe, so so.
276 Oder ich hab persönliche Schwierigkeiten mit dem Dolmetscher, kann
277 ich mir auch vorstellen. Anfangs war ich zum Beispiel bei bei einem
278 Dolmetscher insbesondere gehemmt von dem ich wusste, der ist sehr
279 sehr erfahren, ja, der kennt sich mit dem ganzen der Ar- der übersetzt

280 seit zehn oder fünfzehn Jahren und der kennt diese Materie in- und
281 auswendig und zusätzlich hat er auch noch irgendwie so ne
282 therapeutische Ausbildung gemacht, und da hab ich mich dann immer
283 wie so quasi unter Supervision gefühlt, es war so ein bisschen am
284 Anfang schon irritierend. Aber der geht da sehr professionell damit um,
285 also der hält sich eigentlich sehr zurück, gibt manchmal schon auch also
286 mit dem unterhalt ich mich sehr gern, also grad weil der auch so ne so
287 was Klinisches im Hintergrund hat tausch ich mich mit dem schon auch
288 nach der Sitzung in manchen Fällen richtig aus, so frag ihn „Wie siehst
289 du jetzt den Patienten?" und so, weil er auch aus der gleichen Kultur
290 kommt, das ist auch ne sehr anregende Sache, dass wir die Patien- die
291 Dolmetscher fragen können „Wie kann ich das verstehen, wenn der so
292 irgendwie was Bestimmtes sagt? Ist das kulturbedingt, hat das irgend'ne
293 andere Bedeutung als ich's jetzt verstehen würde und so und also es ist –
294 jetzt komm ich wieder vom Hölzchen aufs Stöckchen – aber also wie
295 gesagt, das kann theoretisch wenn da das könnte zu ner Störung führen,
296 in dem Fall ist es eben nicht dazu gekommen, weil der weil ich mich
297 damit arrangieren konnte und der wie gesagt der Dolmetscher auch sehr
298 professionell damit umgegangen ist und dann war's dann eher so, dass es
299 – das ist dann wieder ein anderer Aspekt – dass es wie soll ich sagen,
300 noch ne ne was Zusätzliches bringt für die Therapie. Dass es also dass es
301 dass es gibt das anschließende Gespräch mit dem Dolmetscher auch
302 nochmal hilft, bestimmte Vorgänge in der Therapie – jetzt sind wir
303 wahrscheinlich bei nem anderen Punkt, aber soll ich mal weiter-
304 **Machen Sie mal weiter, ich – (lacht)**
305 (lacht) Das also das schon auch immer nochmal eine zusätzliche
306 Informationsquelle ist, die bestimmte Sachen wie man bestimmte Sachen
307 sehen kann. Einmal eben aufgrund des gleichen oder des häufig gleichen
308 kulturellen Hintergrunds von Dolmetscher und Patient aber dann einfach
309 auch nochmal das ne zweite Person bestimmte Sachen dann auch
310 nochmal wahrnimmt, die ich vielleicht nicht wahrgenommen hab. Also
311 mir sagt oft mal n Dolmetscher „Ah, hast du nicht gemerkt, wie der
312 nervös plötzlich wurde?" und so, und das ist mir in dem Fall in dem
313 Moment gar nicht aufgegangen. Da bekomm ich dann irgendwie auch
314 nochmal wirklich wichtige und wertvolle Hinweise so, ja. Und dass ich
315 bestimmte Sachen nicht gesehen habe und so.
316 **Daran würde sich dann meine Frage anschließen: Sie haben ja grade**
317 **schon gesagt, dass Patient und Dolmetscher, Patientin, Dolmet-**
318 **scherin, häufig n kulturellen Hintergrund teilen, der Ihnen aber ja**

319 **fremd ist. Ist das für Sie irgendwie befremdlich, ist das für Sie ne**
320 **positive Ausgangsvoraussetzung – wie ist das für Sie?**
321 Also hat mich nie irgendwie irritiert, dass ich irgendwie mich da
322 ausgeschlossen oder so gefühlt hätte. Also ich erleb die Dolmetscher
323 schon als meinen Kollegen, ja, und dass wir ein Team sind und dann den
324 quasi der Patient so dazu kommt. Und eben, wie ich grad schon gesagt
325 hab, eher als ne sehr als ne Hilf- eine Hilfe, als eine Hilfestellung, um
326 bestimmte Dinge dann besser verstehen zu können, ja.
327 **Okay.**
328 Oder einfach auch nochmal ich denk mir dann schon oft, bestimmte
329 Dinge, das ist schon eher so kulturell bedingt oder das muss man
330 vielleicht auch nochmal ein bisschen - bei diesem Patienten, beim
331 Kurden, der da irgendwie aus so ner ländlichen kurdischen Gegend
332 kommt, da muss ich bestimmte Dinge anders sehen als wenn jetzt ein
333 Deutscher mir das Gleiche sagen würde. Und und da ist es schon
334 hilfreich, wenn wenn da ein einer n- wenn ich mich da nochmal mit
335 jemand so austauschen kann, der so ein bisschen das einschätzt oder
336 besser einschätzen kann.
337 **Konzipieren Sie die Therapie anders, wenn ein Dolmetscher zugegen**
338 **ist? Also Sie haben ja den Großteil Ihrer therapeutischen Praxis**
339 **jetzt mit Dolmetscher gestaltet, wenn ich Sie da vorhin richtig**
340 **verstanden habe. Würden Sie das anders gestalten, wenn das nicht**
341 **der Fall ist?**
342 Ne, eigentlich nicht. Das ist eigentlich also (___) ne, was was so die
343 Therapieplanung oder so betrifft nicht.
344 **Okay. Nehmen Sie denn in der Sitzung selbst dann Rücksicht**
345 **darauf, dass Sie gedolmetscht werden? Sie haben vorhin schon**
346 **angesprochen, Sie passen sich an, je nachdem – wenn Sie wissen der**
347 **Dolmetscher kann längere Sachen sich merken oder kürzere**
348 **Passagen nur, das hatten Sie schon gesagt. Aber auch zum Beispiel**
349 **was das Tempo angeht oder Ihre Ausdrucksweise, achten Sie da**
350 **darauf?**
351 Ja, schon. Also klar, ich ich denke meine Dolmetscher würden mir das
352 rückmelden, wenn ich zu zu lange reden würde. Manchmal mach ich
353 ganz betont kurze Sätze, also wenn ich auch wenn ich, ja, will, dass
354 wirklich dieser Satz ganz klar ankommt, ja, also dass der wirklich s- wie
355 quasi so ne so ne Betonung, ja, so ne Punktuierung, dass dass ich dann
356 jetzt nur ein Satz sage, und auch nicht mehr, ja. Und die Dolmetscher
357 warten dann auch oft noch, sagt er noch was (lacht) weil normalerweise

358 bin ich länger, und dann sagen sie halt übersetzen sie halt nur diesen
359 einen Satz.
360 **Okay.**
361 Und (___) ja.
362 **Okay. Das hatten wir. Wer bestimmt denn die Sitzordnung? Sind**
363 **das Sie, wird das mit dem Patienten besprochen, kann der**
364 **Dolmetscher da noch ein Wort mitreden oder bleibt sie einfach so**
365 **bestehen wie d-**
366 Also es ist immer wieder so, dass wie bei mir jetzt hier, dass ich hier
367 sitze, der Patient da [gegenüber von mir] und auf dem dritten Stuhl
368 [zwischen uns beiden] der Dolmetscher. Es ist schon so ein bisschen bei
369 uns, glaube ich, festgelegt, dass jetzt dass wir diese diese so ne ähnliche
370 Konstellation haben. Also ich würde es mich nicht mich nicht da
371 hinsetzen und den Dolmetscher da hin- hinsetzen lassen, weil wir so
372 miteinander sprechen. Der Dolmetscher ist quasi so dieses dieser Kanal,
373 über den's geht. Hier ist die Kommunikationsrichtung [vom Therapeuten
374 zum Patienten gegenüber und zurück] und aber auf der anderen Seite
375 zum Beispiel wenn jetzt also ich könnt mir auch vorstellen, dass wir die
376 Plätze tauschen, ja, und oder irgendwie wenn der Dolmetscher sagt „Ich
377 kann nicht auf diesem Stuhl sitzen.", können wir auch mal auf dem Stuhl
378 oder auf irgend'nem andern Stuhl, ja, ne gewissen Flexibilität haben wir
379 ja haben wir da sicher.
380 **Okay.**
381 Aber es wird jetzt nicht so sein, dass der Dolmetscher jetzt seinen Stuhl
382 direkt neben den Patienten macht und die beiden da so mir quasi
383 gegenüber sitzen und sich da irgendwie so sondern es soll schon so sein,
384 dass der auch von der räumlichen Aufteilung her so ne quasi zwischen
385 Patient und Therapeuten sitzt, so zum Beispiel.
386 **Okay.**
387 Es gibt eine Ausnahme wenn ich wir arbeiten manchmal mit so ner
388 Bildschirmtechnik wo ich die Patienten bitte, hier an die Wand zu
389 schauen und sich die Dinge, die sie so erlebt haben, hier nochmal wie
390 vom Projektor an die Wand geworfen vorstellen. Und dann drehen wir
391 diesen Stuhl und dann sitze ich auf einer Seite von dem Patienten und
392 der Dolmetscher auf der anderen Seite.
393 **Okay.**
394 Aber das ist nur jetzt bei dieser in dieser spezifischen Situation so,
395 ansonsten sitzen wir eigentlich immer in dieser in diesem in dieser
396 Konstellation.
397 **Okay. Wen schauen Sie im Gespräch meistens an?**

398 Also wenn die Patienten sprechen die Patienten und wenn der
399 Dolmetscher übersetzt den Dolmetscher aber dann schau ich auch
400 manchmal zum Patienten hin, also der sagt dann irgendwas Wichtiges
401 und dann schau ich den Patienten an „Aha, mhm, ja.", so, also es kommt
402 jetzt dann irgendwie quasi hier so zu meinen Ohren. Es ist es ist
403 unterschiedlich, das ist auch selbst innerhalb einer Therapie
404 unterschiedlich, es kann sein, dass es Phasen gibt, wo ich den
405 Dolmetscher anschau, manchmal mach ich das bewusst, dass ich dann
406 also auf den Patienten schaue und oft ist das u- unbewusst, da müsste ich
407 echt mal ne Videokamera mir aufstellen, um mich selbst mal zu
408 beobachten, wie ich das mache, so, ja.
409 **Okay. Bevorzugen Sie eine Verdolmetschung in der ersten oder in**
410 **der dritten Person?**
411 (___)
412 **Soll der Dolmetscher aus der Ich-Perspektive dann eben berichten,**
413 **so wie der Patient das macht oder –**
414 Ja. Das ist so das werden so wenn es also der Dolmetscher sagt nicht „Er
415 hat jetzt gesagt...", oder was so und so, sondern die sollen wirklich direkt
416 übersetzen, also genauso wie der Patient das sagt. Wenn der Patient dann
417 zum Beispiel vielleicht kann es könnte ja sein dass der Patient irgendwas
418 in der dritten Person sagt, also zum Beispiel bei dieser Screen-Technik
419 sollen die das teilweise auch, ja, sollen die sagen nicht „Ich ich komm
420 jetzt in den Raum rein, da sind die Folterer.", sondern „Ich sehe ihn jetzt
421 wie er die..." und dann muss er das natürlich auch so übersetzen.
422 **Bekommt der Dolmetscher denn die Möglichkeit, die erste Person zu**
423 **verlassen, wenn es zu belastend für ihn wird? Wenn es also wenn es –**
424 Hab ich noch nicht erlebt, aber wär für mich absolut ok, wenn wenn
425 wenn ihm das dann in dem Fall quasi besser wäre. Ich muss einfach nur
426 wissen, dass er jetzt also er müsste mir das dann sagen „Ich will jetzt
427 irgendwie...", aber das hab ich so noch nicht erlebt.
428 **Okay. Sie haben gesagt, es gibt Nachgespräche mit den**
429 **Dolmetschern, wo dann entweder nochmal die Sitzung kurz erörtert**
430 **wird oder in dem einen speziellen Fall dann auch der Eindruck vom**
431 **Patienten. Gibt's denn auch ab und zu mal ein Vorgespräch wo Sie**
432 **sagen „Ich wende heute diese und jene Technik an und..." –**
433 Ja, schon. Genau, wenn ich mal irgendwas Besonderes mache oder also
434 es kann schon dass wenn wenn ich irgendwie wenn irgendwas
435 Besonderes kommt wo mir das auch sinnvoll erscheint, dass der
436 Dolmetscher jetzt weiß, was da jetzt plötzlich kommt, dass ich kurz
437 vorher noch mit dem Dolmetscher spreche. (___) Ja und (___) also wir

438 arbeiten ja auch ab und zu mit nem Imaginationsverfahren, das heißt also
439 ich schick die Patienten auf so ne Fantasiereise, und da ich auch so ne
440 hypnotherapeutische Ausbildung habe beziehungsweise grad mache,
441 mach ich das eigentlich auch ganz gern, dass ich die dann auch mehr in
442 so einen tranceähnlichen Zustand schicke, und manchmal sag ich dem
443 Pat- dem Dolmetscher also gerade wenn ich das zum ersten Mal mache
444 des also was da jetzt kommt, ja. Dass die das ist schon auch nochmal ne
445 andere zusätzliche Anforderung für die Dolmetscher. Und es fu-
446 funktioniert erstaunlich gut, ja, also ich hätt's nicht geglaubt, also dass
447 durch ne dritte Person trotzdem die die die Patienten wirklich manchmal
448 eben ganz tief in Trance gehen, ja. Und die und die Dolmetscher auch,
449 die gehen so ein bisschen mit (lacht), die sagen dann auch „Ach, das ist
450 so entspannend! Ich, ja, also ich muss auch noch aufpassen, dass ich
451 nicht einschlafe!" und so, ja (lacht), also aber die finden's auch immer
452 gut, weil das ist irgendwie auch als Therapeut geht man immer auch ein
453 bisschen so auch mit in so ne Trance, ist aber auch so ein bisschen, naja,
454 man muss natürlich, darf also auch nicht selbst auch ganz weg sein,
455 sondern und in so ne Halbtrance gehen glaub ich die Dolmetscher dann
456 auch. Und das ist ne ganz also wie gesagt ich hab's ausprobiert und es
457 geht wirklich erstaunlich gut bisher, hätt ich nicht geglaubt.
458 **Kann man sich fast nicht vorstellen. (lacht)**
459 Ja.
460 **Aber obwohl das sehr gut funktioniert in vielerlei Hinsicht, wird ja**
461 **die Therapie durch den Dolmetscher ja auch verlangsamt. Ist das**
462 **für Sie positiv, negativ, einfach nur eine Tatsache, völlig wertfrei?**
463 Das hat Vor- und Nachteile. Es hat den Vorteil, dass ich einfach
464 manchmal vi- viel mehr Zeit habe. Wenn jetzt der Patient irgendwas
465 gesagt habe gesagt hat oder ich irgendwas jetzt gesagt habe und dann
466 muss er erstmal übersetzen und dann muss der Patient erstmal antworten
467 und dann hab ich ne ganze Zeit lang nochmal um zu überlegen „Was hab
468 ich nochmal gesagt?" beziehungsweise „Was wär jetzt die nächste
469 Intervention?" oder was ich als Nächstes mach, ja, da hab ich nochmal
470 Zeit gewonnen. Es ist je nachdem, kann manchmal ein Vorteil sein aber
471 vielleicht eher ein Nachteil, dass sich die Therapie im Prinzip um die um
472 die also zeitlich um die Hälfte reduziert, ja, also man kann
473 [Telefonklingeln setzt ein] die Hälfte nur von dem bearbeiten, was man
474 eigentlich in einer deutschen, deutschsprachigen Therapie machen
475 würde. Was mich eigentlich am meisten stört unter diesem Aspekt ist
476 eher so dass manchmal manche Patienten neigen dazu, sehr
477 weitschweifig zu sein, oder auch irgendwie bestimmte Themen zu

478 vermeiden. Entschuldigen Sie, schau mal ganz kurz, wer das ist. (geht
479 zum Telefon und kommt zurück) Bestimmte Themen zu vermeiden,
480 indem sie dann irgendwie irgend- über irgendwelche Belanglosigkeiten
481 reden, und dass da wär ich natürlich in einer deutschen Therapie kann
482 ich da viel viel schneller irgendwie einhaken und sagen „Lassen Sie mal,
483 ich hab ich hab aber was anderes gemeint, ich hab Ihnen die und die jene
484 Frage gestellt!", und da hab ich irgendwie die Schwierigkeit den dem
485 Dolmetscher also quasi das die Rede abzuschneiden, ja, also da hör ich
486 mir erstmal an, was der da erzählt und erzählt und dann kann ich erst mit
487 meiner Antwort kommen und sagen „Ja aber eigentlich wo- ich hatte ich
488 Sie doch gefragt, ja, hatte ich Ihnen ne andere Frage gestellt!". Und und
489 das das macht mich oft ungeduldig, dann sitz ich da schon da und weiß
490 der erzählt jetzt da irgend'nen Quark was ich überhaupt nicht wissen
491 will, ja, und muss da diesen Dolmetscher ausreden lassen, irgendwie
492 zuhören. Das das ist das Einzige, was ich eigentlich wo ich sage, das ist
493 wirklich ein Punkt, der mich an der Arbeit mit Dolmetschern wirklich
494 stört, ja. Vielleicht müsste ich da aber auch irgendwie zum Dolmetscher
495 sagen „Ne, ich will das jetzt nicht alles hören!", vielleicht sollte ich's
496 machen. Müsste ich mit dem Dolmetscher vorher nochmal also bei
497 manchen Patienten ist es oft so, da würd ich mir vielleicht überlegen ob
498 ich das mit dem Dolmetscher nicht vorher bespreche und sage „Wie
499 gehen wir mit solchen Situationen um? Kann ich da unterbrechen?" und
500 so halt.
501 **Wie definieren Sie denn die Rolle des Dolmetschers? Ist das n**
502 **Sprachmittler, n Kulturmittler, beides?**
503 Ja im Prinzip erstmal ist es n Sprachmittler, ja, u- und wie gesagt,
504 möglichst in der in der therapeutischen Situation ist er ist es ist er umso
505 besser, je je neutraler und je strikter sich an diese Aufgabe
506 Sprachvermittlung hält. Also wie ich gesagt hab, dieser die erfahrenen,
507 die dann wirklich jedes Wort übersetzen und manchmal dann etwas
508 merkwürdige Kommunikation entsteht, also überhaupt nix versuchen zu
509 glätten und und verständlich zu machen und so, ja. Aber es natürlich
510 auch ein was jetzt dies- diese Nachgespräche betrifft und sowas ist's
511 natürlich auch ein Kulturvermittler und durchaus auch n Co-Therapeut in
512 in nem gewissen kleinen Sinne. Wie vorhin schon gesagt, dass
513 manchmal da dem Dolmetscher was auffällt, was mir irgendwie in dem
514 Moment nicht aufgefallen ist. Oder einfach auch nochmal bestimmte
515 Eindrücke, die ich vom Patienten hab nochmal abzusichern, ja, ich hab,
516 dann sag ich „Ich hab den Eindruck gehabt, der wurde da sehr unruhig
517 oder der wurd plötzlich unklar oder?", ja, und dann „Wie siehst du das?

518 Hast das auch, hast du auch diesen Eindruck gehabt?". Und dann find ich
519 so die die Rückmeldung vom Dolmetscher auch nochmal sehr wichtig
520 und hilfreich.
521 **Gut, dann hab ich noch ein paar abschließende Fragen und dann**
522 **sind wir fertig. Welche Schwierigkeiten sehen Sie generell in der**
523 **Zusammenarbeit mit Dolmetschern?**
524 (___) Generell. (___) Ja, also generell ist es natürlich schon so, dass es,
525 obwohl ich wie gesagt erstaunt darüber bin, wie gut das eigentlich
526 funktioniert, ist so diese- dieser direkte Kontakt ist natürlich immer
527 besser, ja. Also wenn ich auch direkt darauf dann mal auf irgendwas
528 eingehen kann, was der Patient gerade sagt, ja. Und es gibt immer ne das
529 ist das ist sicher auch ein genereller Einwand, es ist der Dolmetscher
530 kann noch so gut sein, es ist immer die Gefahr, dass irgendwas mal
531 falsch übersetzt wird beziehungsweise dass dann doch n Dolmetscher
532 mal dazu neigt Sachen anders zu übersetzen oder auch was vergisst, n
533 wichtigen Satz, ja, so, die guten Dolmetscher die sagen das dann auch
534 „Oh, Moment, ich hab aber vergessen, er hat grad noch den diesen und
535 jenen Satz gesagt!". Also da gibt's einfach, ja, Probleme, die einfach die
536 sich aus der Situation, mit nem Dritten zu arbeiten, ergeben, das ist wie
537 gesagt selbst der beste Dolmetscher nicht abstellen kann, ja.
538 **Gibt's denn auch Chancen, die Sie sehen, genereller Natur?**
539 Ja, darüber hab ich gesprochen. Das sind so diese dieser Austausch, der
540 besteht, und und eben nochmal nen also diese kulturelle Vermittlung und
541 durchaus nochmal n n n andern Blick zu bekommen. Also Psycho-
542 therapie ist immer find ich immer ganz wichtige, auch wenn man ohne
543 Dolmetscher arbeitet, wenn man hin und wieder mit anderen über
544 Patienten spricht um ne andere Sichtweise zu bekommen, weil man sehr
545 schnell doch auch irgendwie dazu neigt, irgendwo den Patient auf ne
546 ganz bestimmte Art und Weise zu sehen und wenn man dann irgendwie
547 mit nem in Supervision oder Intervision oder irgend'nem Kollege oder
548 so jemandem Patienten schildert bekommt man sehr häufig dann doch
549 auch nochmal ne ganz andere Sichtweise „Das könnte auch so und so
550 sein.", ja. Und gut, es ist keine Kollegen- kei- keine fachlichen Kollegen,
551 bis auf eben wenige Ausnahmen, und es ist keine Supervision, aber
552 einfach zu na so ne Rückmeldung zu bekommen „Ja, da war er jetzt
553 irgendwie sehr unruhig!" oder „Da wirkte der so ein bisschen
554 verstimmt!" so, oder „Da hat er sich plötzlich sehr unklar ausgedrückt!",
555 solche Rückmeldungen sind schon irgendwie wichtig.
556 **Könnte denn die Zusammenarbeit noch optimiert werden? Und**
557 **wenn ja, wie?**

558 (___) Also ich find wir haben da schon durch die Nachgespräche n ein
559 Mittel, um das also auch viel zu verbessern, wir haben Weiterbildung,
560 ich weiß nicht so genau, ich nehme mal an, die haben nicht nur
561 Einführung, sondern es gibt durchaus auch laufend, also in relativ großen
562 Abständen, dann auch so Weiterbildungen für die Dolmetscher, die
563 haben Supervision. Wir haben als Therapeuten die Gelegenheit, eben in
564 unseren Teamsitzungen und Intervision und so zu sagen „Ah ja, ich hab
565 da Probleme mit dem Dolmetscher, wie seh- habt ihr ähnliche
566 Probleme?", es gibt manche, die kommen zu spät zur Therapie, ja, oder
567 vergessen n Therapietermin, kommt auch immer mal wieder vor, und da
568 kann man sich austauschen, was, „Wie ist das bei euch? Kennt ihr das
569 auch oder ist das nur bei mir so?", oder ist das nur bei einem bestimmten
570 Patienten so, dass der Therapeut der Dolmetscher zu spät kommt. Ja.
571 Also jetzt so sicher könnte man sicher zu allem noch mehr machen, also
572 noch mehr Nachbesprechung, mehr Weiterbildungen und Supervision
573 für die Dolmetscher, weil es schon auch einige gibt, die immer wieder so
574 die gleichen Fehler machen, aber also eigentlich haben wir so hier doch
575 ne gute viele Möglichkeiten, da das dem Dolmetscher sich da dass die
576 Zusammenarbeit besser werden kann. Also da verspür ich keinen
577 Mangel, ja. Und ich muss auch sagen, ich w- also die meisten von
578 unseren Dolmetschern, gerade die eben jetzt länger dabei sind, da find
579 ich also ich find's sehr bewundernswert, was die für ne Arbeit die
580 leisten, also das sind wirklich sehr sehr qualifizierte Leute, ja. Also nicht
581 nur sprachlich, das kann ich nicht immer so beurteilen, aber aber eben
582 auch einfach so mit dieser Situation umzugehen, ja. Und ich glaub, das
583 ist sicher auch ne ne irre ich merk's bei mir selbst, das ist ne sehr
584 belastende Arbeit hier mit diesem Klientel und die Dolmetscher kriegen
585 das auch mit und ich mach mir da oft gar nicht so viel Gedanken, aber
586 die müssen ja auch irgendwie damit zurecht kommen. Und ich bin mir
587 sicher, das können sie nicht alles in dieser Supervision, die hier
588 angeboten wird. Das ist irgendwie Gruppensupervision, und wie man mit
589 dieser Belastung da umgeht, das ist auch für die Dolmetscher nicht
590 einfach, denke ich.
591 **Gibt's denn außer dem, worüber wir schon gesprochen haben, noch**
592 **irgendwelche Aspekte, die Ihrer Meinung nach erwähnenswert**
593 **wären in dem Kontext?**
594 (___) Eigentlich nicht, da haben wir eigentlich das Wesentliche gesagt.
595 Also wie gesagt, das eigentlich Erstaunliche, also wenn wenn ich so
596 andere Therapeuten mit anderen Therapeuten spreche und erzähl, dass
597 ich hier dolmetschergestützt arbeite, dann sagen die „Was? Geht das

598 denn?", also die sind dann doch so, noch n Dritten hier sitzen zu haben
599 und ich sage „Ja es stimmt, das Gleiche hatte ich mir am Anfang ja auch
600 so ein bisschen überlegt, und ich bin erstaunt, wie gut das geht.". Und
601 das ist irgendwie so ein Resümee, so ein Fazit, das ich irgendwie dann in
602 solchen Gesprächen immer wieder einbringe, weil dann wie gesagt, dass
603 es es geht sehr gut, und selbst bei solchen Sachen wie bei solchen
604 hypnoseeinleitenden oder so Hypnoseinduktionen funktioniert's, ja.
605 **Dann bedanke ich mich ganz herzlich!**

1 e)   **Transkript des Interviews mit T2**
2   20.10.2010 in E2
3   Gesamtlänge der Aufnahme: 22:19 Minuten
4   Interviewpartner: **Köllmann** und T2
5
6 **Therapeuteninterview 2 am 20.10.2010 in (XXX). Also fürs**
7 **Protokoll: Die Therapeutin ist weiblich. Wie lange sind Sie schon als**
8 **Therapeutin tätig?**
9 22 Jahre.
10 **Und wie lange davon hier, in der Einrichtung?**
11 22 Jahre.
12 **Okay. Paar Fragen zur Erfahrung mit Dolmetschern in der**
13 **Psychotherapie: Wie lange arbeiten Sie dann schon mit**
14 **Dolmetschern? Auch die ganze Zeit?**
15 (___) Warten Sie mal – 8 Jahre.
16 **Okay. Gab es vor dem ersten vor der ersten Zusammenarbeit eine**
17 **Vorbereitung?**
18 Das ist jetzt ein bisschen schwierig, weil ich weil ich sehr viel mit
19 Dolmetschern gearbeitet hab.
20 **Okay. In welchem Kontext?**
21 Ich hab in in (XXX) Dolmetscher eingeschult, ja.
22 **Okay.**
23 Für eine Organisation, ja, und hab einfach sehr früh begonnen mich mit
24 dem Ganzen auseinanderzusetzen.
25 **Okay, ja.**
26 Weil es am Anfang ja ganz viele – Sie haben einen Fragebogen?
27 **(stimmt nonverbal zu)**
28 Aber am Anfang hat eben ganz ganz viele ich find einfach sehr sehr
29 hinderliche Richtlinien gegeben, oder. Wie wer sitzt und was da das

30 ideale Arrangement wäre. Ich bin von dem vollkommen weggegangen,
31 weil je natürlicher und intuitiver die ganze Sache gehandhabt wird und je
32 mehr man dem Dolmetscher zutraut im Sinne von dass das eine eigene
33 Profession ist, die wissen, was sie tun, ja, als Professionals da kommen
34 und wir zwei Professionals sind, die mit einem Patienten arbeiten, umso
35 besser funktioniert das.
36 **Okay.**
37 Die Gleichwertigkeit ist eigentlich nur gestört durch das, dass ich besser
38 bezahlt krieg als der Dolmetscher.
39 **Und fest angestellt sind und nicht auf Stunden-?**
40 Das nicht, ich bin freiberuflich.
41 **Okay.**
42 Als Psychothe- Psychoanalytikerin angestellt sein, das geht nicht,
43 eigentlich, meiner Meinung nach.
44 **Okay.**
45 Okay. Also hab ich da einfach schon einiges durchlaufen.
46 **Okay.**
47 Ja. Also ist die Einschulung ist eigentlich sowas wie ein wie kann man
48 das denn sagen, (___) viel gelesen, viel- viele Leute gefragt, ja, und das
49 war ja dann so 2000 ist ja das erst so richtig ins Rollen gekommen, ja,
50 und wir haben da ein großes eigenes Projekt gehabt, so ein EU-Projekt,
51 und da ist das auch Thema geworden: Wie wären denn die idealen
52 Voraussetzungen, um mit Dolmetschern zu arbeiten? Wie müssen die
53 beieinander sein, ja? Und wir haben wirklich also von [E2] her jetzt, also
54 ich bin freiberuflich da an dem Ausbildungsinstitut und [unverständlich]
55 und arbeit für [E2] gleichzeitig, also mit der [unverständlich], zum
56 Beispiel. Wo war ich jetzt? Ja, da ist es einfach so, dass wie kann man
57 denn das sagen, dass das einfach alles gute Leute sind, ja, ja. Und man
58 eigentlich kaum Leute hat, die die also jetzt entweder kein Studium
59 haben oder sonst was, sondern da die sind schon in dem Bereich länger
60 längere Zeit tätig und haben sehr viel Erfahrung, und das spüren wir.
61 **Okay.**
62 Bei der [D2] zum Beispiel spürt man das einfach, ja. Und und da da hab
63 ich natürlich jetzt ganz tolle Voraussetzungen, die haben andere Leute
64 nicht, ja, das das ist das Schöne an dem Arbeiten mit [E2], dass das mit
65 den Dolmetschern einfach super funktioniert.
66 **Ja.**
67 Meiner Meinung nach.
68 **Sind denn dann trotzdem schon mal Probleme aufgetreten oder**
69 **treten da in der täglichen Praxis Probleme auf?**

70 (___) Probleme treten eigentlich immer dann auf, wenn man dem
71 Dolmetscher nix zutraut und die Verantwortung für die ganze Geschichte
72 da übernimmt: Wie's dem geht, was der und so weiter. Dadurch dass das
73 da was der mit sich herumschleppen könnte und sich da mords kümmert.
74 Also für mich ist das so: Die die kommen, ja, die haben eine eigene
75 Supervision, ja, und sie sind zuständig für ihre Sachen, ja. Wenn die
76 mich fragen, oder an herantreten an mich oder wenn wir beide wirklich
77 eine harte Stunde gehabt haben reden wir noch ein bisschen, aber ich
78 fühle mich jetzt nicht im Gesamten für den Dolmetscher verantwortlich.
79 Das tue ich einfach nicht mehr, ja, das hat sich bei mir abgearbeitet, ja.
80 Was aber nicht heißt, dass es vorkommen kann, dass man länger redet
81 über was, ja, weil man einfach weil beide verstört sind, ja. Aber das ist
82 sowas Gegenseitiges, also das kommt so. Ich bin nicht die Therapeutin
83 von der Dolmetscherin und sie nicht die meine, ja.
84 **Okay. Wie wird denn – rein formal jetzt – dem Patienten das**
85 **Aufgabenspektrum oder die die Arbeit des Dolmetschers erklärt vor**
86 **der ersten gemeinsamen Sitzung?**
87 Das ist interessant. Dadurch, dass die, wenn sie kommen, ja schon ganz
88 viel mit Dolmetschern zu tun gehabt haben – beim Erstinterview, bei der
89 Aufnahme, unter Umständen schon bei der Polizei, ja, in den Heimen,
90 bei der Rechtsberatung – können die ganz gut umgehen mit dem.
91 **Okay. Wird dann noch auf die Schweigepflicht hingewiesen explizit**
92 **oder?**
93 Absolut. Das mach ich, das das geht gar nicht anders, weil das sind
94 einfach so hochbrisante Dinge, ja, da hätt ich selber Angst, ja. Und die
95 Dolmetscher stellen sich selber vor, ja, das das ist auch eine Geschichte,
96 wo ich einfach auch Wert drauf leg, weil ich einfach find, das ist es ist
97 immer so gegangen, dass das Gefälle ist Therapeut-Dolmetscher, ja. Das
98 ist unmöglich, so kann man nicht arbeiten.
99 **Okay.**
100 Und das ist dass dann auch Sitzordnungen entstanden sind, die absolut
101 eigentlich pervertiert sind, ja, menschlich pervertiert, völlig alogisch, ja,
102 und sich das berühmte Heraushalten und diese neutrale Geschichte, die
103 die läuft ja im Unbewussten schon gar nicht, also kann man sie
104 eigentlich vergessen, ja.
105 **Und wie wird die Sitzordnung dann idealerweise gestaltet? So wie**
106 **heute [in der Therapiesitzung, an der die Autorin vor dem Interview**
107 **teilnehmen durfte], dass man immer schaut, wie's gerade passt, wer**
108 **wo möchte, wer sich wo am wohlsten fühlt?**

109 Ja also also es ist eigentlich es hat sich so he- herausgestellt, dass das
110 Feinste eigentlich ist mit diesem nicht so weit weg sitzt sondern dass sie
111 einfach im Team ist und zwischen uns beiden. Weil wenn sie komplett
112 neben der der der Patientin sitzt oder komplett neben mir hat sie ja
113 keinen eigenen Platz.
114 **Ja.**
115 Auch von der Logik her ergibt sich der Platz dazwischen.
116 **Ja, das ist richtig. (lacht)**
117 (lacht)
118 **Wenn die ausgewählt werden, die Dolmetscher, wird nach welchen**
119 **Kriterien wird ein Dolmetscher für einen Patienten ausgewählt?**
120 Da fragen Sie mich jetzt, da bin ich nicht nicht die Person.
121 **Das macht Frau [(XXX), Leiterin der E2] glaube ich?**
122 Ja, das macht die [Frau (XXX)], da könnten Sie auch mal mit der reden,
123 die macht das gern, wenn Sie mit der bekannt sind, ja.
124 **Ja, ich hab die Nummer noch.**
125 Ja, momentan sind viele krank. Sie fragt mich aber schon, ob mir das
126 passt. Und ich hab schon jetzt durch diese lange Erfahrung hab ich
127 einfach Leute, mit denen ich gern arbeit. Ich arbeite gern mit der [D2],
128 ja, und und das ist schon so das das da da merkt man dann schon, das
129 fließt einfach.
130 **Ja. Inwiefern sind denn die Dolmetscher dann Ihrer Erfahrung nach**
131 **vorbereitet auf den Einsatz in der Therapie? Sie sagen Sie haben**
132 **sehr viele gute und die sehr − ?**
133 Die die se- die werden eingeschult von [E2], ja, und wenn man merkt
134 dann schon wenn jemand zum ersten Mal das macht, ja, dass (___) dass
135 man dass es schon Unsicherheiten gibt, aber die gibt es bei mir auch, ja.
136 Es ist ja auch so, dass für mich nicht jeder Patient gleich ist, ja. Und
137 wenn die überhaupt mal anfangen zu dolmetschen, ja, dann dann auch
138 mal die Situation wirklich auch mal in der Praxis kennenzulernen, ja, ist
139 ja recht. Es therapeutisches Dolmetschen und dolmetschen in
140 Therapiesituationen ist nicht leicht.
141 **Nö, das sicherlich.**
142 Ich find das eins von die schwierigsten Sachen überhaupt, ja. Man wird
143 ja Geheimnisträger, nicht, ja. Aber das wäre ich bei der EU auch und das
144 wäre ich bei der UNO auch, es wär es es ich find's interessant, aber ein
145 brisanter Job.
146 **Ja, das auf alle Fälle. Vor allem was man auch sonst noch**
147 **menschlich mitbekommt wahrscheinlich.**
148 Ja, eben. Das ist ja das Problem.

149 **Dann wird auch für die Dauer der Therapie immer mit der einen**
150 **Besetzung gearbeitet, weil sich alle – ?**
151 Außer es einen gibt Urlaub. Ich hab das ich hab nur ganz selten einen
152 Wechsel.
153 **Okay.**
154 Ja.
155 **Konzipieren Sie die Therapie dann auch vom Ablauf her anders**
156 **wenn gedolmetscht wird? Also dass Sie auf bestimmte**
157 **Vorgehensweisen verzichten oder die anders gestalten oder gar**
158 **nicht?**
159 Nein, nein, nein, also ich bin ich bin Analytikerin und (___) So wie
160 heute zum Beispiel, das war eine Krisenintervention, ja. Da ist es einfach
161 darum gegangen die Patientin [P2] zu stabilisieren, zu schauen, ihr ihren
162 Selbstwert zurückzugeben. Die sie ist das ist eine Professorin, ja, eine
163 sehr sehr gescheite Frau, ja, die jetzt einfach durch diese Krankheit und
164 durch diese Abschwächung der Psyche einfach sehr sehr schlecht
165 beieinander war. Also die muss man einfach auf die Füße stellen, ja. Das
166 ist ganz was Aktives. Und in dem Aktiven drinnen ist aber ganz viel
167 Analytisches, ja, aber es ist nicht so benannt, ja. Das heißt in in so einer
168 Situation ist man viel, wie soll man sagen, viel aktiver, ja, und viel viel
169 unterstützender, ja. Da kann auch wirklich einmal sein, dass ich hingehe
170 und sie einmal so anfass, nur so ganz kurz und sag: „Hallo!", da damit
171 der Kontakt da ist, weil weil das ist einfach die die Patientenschaft ist
172 eine einzigartige, ja. Die haben einfach ein wirkliches ein ein mit Dingen
173 zu tun, mit denen Patienten, die sonst zu mir kommen, nicht zu tun
174 haben, ja. Da geht da steht die Existenz eigentlich eh jeden Tag auf dem
175 Spiel, ja. Besonders bei der Dame da jetzt, ja. Also ich ich geh dann eher
176 eher es geht mir um den Patienten, ja, und der Dolmetscher ist ist eine
177 ganz ganz wichtige eine ganz ganz wichtige Person, ohne die ich nicht
178 arbeiten kann, ja. Und das ist ein Ding, ja.
179 **Nehmen Sie denn dann im Ausdruck oder im Tempo oder**
180 **ähnlichem Rücksicht auf den Dolmetscher?**
181 Ich glaub ich bin da egomanisch. (lacht) Nicht immer, nicht immer, nicht
182 immer, nein. Das das passiert, ja.
183 **Ja.**
184 Das passiert.
185 **Aber hat der Dolmetscher denn die Möglichkeit ei- zu unterbrechen**
186 **und nachzufragen, oder?**
187 Ja ja, natürlich. Das sieht man ja bei der [D2], die schaut mich dann
188 immer so an oder so, dann weiß ich schon, was los ist, ja. Also da

189 passiert ja nonverbal unwahrscheinlich viel. Ich weiß nicht ob Sie das
190 heute auch so gesehen haben. Also die die große Chance finde ich mit
191 dem Dolmetscher zu arbeiten ist, dass man auf der nonverbalen Ebene
192 unwahrscheinlich viel Zeit hat wart- wahrzunehmen. Also die 50
193 Minuten normalerweise sind 25 Minuten da wo man wo die Leute sagen,
194 sie können nur 25 Minuten arbeiten. Das stimmt nicht, ja. Man nimmt
195 die anderen 25 Minuten, wo übersetzt wird, ja, die Hälfte der Zeit,
196 unwahrscheinlich viele Dinge wahr. Stimmungen – ich hab Zeit
197 nachzuspüren, ja. Ich muss nicht gleich antworten, ich kann mir das
198 anschauen. Ich kann schauen wie wie wie ich glaub, dass es der
199 Dolmetscherin geht. Ich kann schauen was passiert wenn die Sonne
200 plötzlich aufgeht oder der Raum sich verdunkelt, ja, wie heute zum
201 Beispiel wo's war plötzlich ganz dunkel, ja, weil die Sonne plötzlich
202 weg war, und dann wieder heller, ja. Solche Dinge, da hat man keine
203 kein da hat man wenig Zeit in einer normalen Therapie ohne
204 Dolmetscher, ja. Ich liebe das, so zu arbeiten.
205 **Das ist doch gut! (lacht)**
206 Ja! Gut für mich, gut für alle anderen auch, hoffentlich.
207 **Ist es denn für Sie befremdlich dass die beiden ne Sprache teilen**
208 **oder zum Teil auch ne Kultur teilen, von der Sie nicht so viel – ?**
209 Nein. Nein. Also diese Eifersucht, die man könnte es wirklich Eifersucht
210 nennen. Also das ist ja ein großes Problem für viele Therapeuten und
211 Therapeutinnen, dass ein Dritter dabei ist und der dann näher dem steht.
212 Ich hab das nicht.
213 **Okay.**
214 Nein, ich hab da kein Problem. E- es ist interessant, ich ich kann's
215 verstehen, ja, aber das kommt eigentlich eher bei Therapeutinnen vor,
216 die mit e- die nicht so lang im Job sind und die sich ihrer Sache nicht so
217 sicher sind, ja. Ich hab nichts zu verlieren, ja. Ich ich für mich ist das
218 kein Problem, wenn die draußen gemeinsam im Warteraum sitzen, wenn
219 sie das möchten, ja. Weil was was soll ich an Information nicht
220 bekommen, ja? Dadurch, dass ich lange mit den Leuten arbeit, wird's
221 irgendwann sowieso mal zum Thema, ja? Also weil die nur fünf, sechs
222 Stunden mit mit mit mit den Klientel arbeiten, ja, haben vielleicht Angst
223 mit gewisse Dinge, Informationen nicht zu erfahren, das habe ich nicht.
224 Ich ich hab einfach lang Zeit, ja. Und da muss ich nicht Angst haben,
225 dass mir der Dolmetscher meinen Patienten abspenstig macht. Das ist
226 irreal. Und das ist es es täte ja schon sehr viel bedeuten für die
227 Beziehung. Also wenn ich da so Verlustängste entwickeln würde müsste
228 ich nachdenken, was hat denn das mit dem Patienten zu tun oder was

229 hat's mit mir zu tun. Für mich ist das keine Konkurrenz, für mich ist das
230 eine Ergänzung.
231 **Und wie definieren Sie dann die Rolle des Dolmetschers? Wenn Sie**
232 **sagen, der Dolmetscher ist eine Ergänzung, was ist dann wie würden**
233 **Sie seine Rolle umschreiben?**
234 Ein absolut wichtiges Professional, ohne das ich nicht arbeiten kann.
235 Wie soll ich mit einer einer Frau aus Aserbaidschan reden? Ich kann zu
236 wenig Türkisch, ich kann die Sprache einfach nicht und Russisch schon
237 gar nicht, ja. Ganz einfach.
238 **Ist der Dolmetscher denn auch Kulturmittler?**
239 Da bin ich empfindlich. (lacht) Ich ich glaub nicht, dass es sowas gibt
240 wie einen Kulturmittler. Wenn ich mir überleg wenn ich mir nur überleg
241 einen Kulturmittler für die Türkei: Dann müsste ich von jedem Dorf alle
242 25 Kilometer eine eine Person kennen, die sich genau in dem Dorf
243 auskennt, genau mit der Kultur, weil's so viele unterschiedliche Nuancen
244 gibt. Und dann kommt noch nicht kommt der noch nicht einmal aus der
245 Familie, dass er Bescheid weiß, und nicht einmal in einer Familie
246 funktioniert das, ja. Ich halte viel mehr davon, dass man sich das
247 gegenseitig erstottert und erstammelt was man glaubt, ja, und was man
248 so gegenseitig für Annahmen hat, ja. Der hat eine Annahme über mich
249 und ich hab eine Annahme über ihn, ja, und so funktioniert's auch mit
250 den Dolmetschern. Also [D2] ist jetzt (XXX) [aus dem gleichen Land
251 wie ich], ja, sozusagen, ja, und ich könnte nicht sagen, dass wir die
252 gleiche Kultur teilen, ja. Kultur was also das mit der Kultur, da da da
253 müssen wir aufpassen, ja.
254 **Gibt es denn Schwierigkeiten die Sie sehen, so allgemein in der**
255 **Dreierkonstellation? Sie sehen das als große Chance, aber gibt's**
256 **auch irgendwelche negativen Aspekte?**
257 M- mir tut's leid, ich kann keine mehr benennen.
258 **Nein, das ist ja ein Traum, das ist ja (lacht) −**
259 Nein, ich kann wirklich keine mehr benennen, weil alles, das was als
260 störend empfunden wird, einfach damit zu tun hat, dass Leute das Dritte
261 als störend empfinden, und das empfinde ich einfach nicht so, ja.
262 **Okay. Gibt's denn irgendwas, wie man das Ganze noch verbessern**
263 **könnte, oder ist das so wie Sie es jetzt hier haben − mit der**
264 **Einschulung der Dolmetscher, mit den Dolmetschern, die eigentlich**
265 **alle eine fachliche Ausbildung und so − die ideale Arbeitsvoraus-**
266 **setzung?**
267 Also ich finde das ist nahezu ideal, wenn man die Dolmetscher wenn
268 man die Dolmetscher noch ein bisschen mehr Freiraum geben würde,

269 dass sie sich einfach auch als wie soll man sagen vielleicht mehr ja
270 wirklich als wie kann man sagen (___). Man hat den Dolmetschern seit
271 jeher die Rolle gegeben des Beiwerks, nicht der Ergänzung, ja, das ist
272 ein Unterschied, ja?
273 **Ja.**
274 Und dadurch kommt's dann ga- zweifelsohne zu zu zu Dingen, zu
275 Unselbstständigkeiten die die die aber nur dadurch entstehen weil weil
276 weil weil man sie als als als Beiwerk betrachtet, ja. Das sehe ich aber als
277 allgemeine Entwicklung in der Branche, ja. Weil bei der UNO ist das
278 was anderes, ja. Im therapeutischen Kontext ist ist ist das durch dadurch,
279 dass die so eine eine eigenartige dass das alles so einen eigenartigen
280 Anfang genommen hat indem halt ganz viele Laiendolmetscher und
281 Kinder und alle möglichen Leute gedolmetscht haben, ja, am Anfang in
282 therapeutischen Situationen, ja, ist das halt hat das halt noch einen
283 Entwicklungsbedarf. Hier [bei E2] find ich's nahezu ideal. Wünschen
284 würde ich mir, dass sie mindestens gleich viel gezahlt kriegen, weil es
285 eine Wahnsinnsarbeit ist, ja. Und ich ich denk grad auch bei
286 muttersprachlichen Dolmetscherinnen, also Russinnen zum Beispiel,
287 jetzt in was ich mach, dann das dann minder zu belohnen, grad weil's die
288 Muttersprache ist, ist ein Käse, ja.
289 **Ja, gebe ich Ihnen völlig recht. Was wäre denn – so abschließend –**
290 **für Sie ein Grund für einen Dolmetscherwechsel sich**
291 **auszusprechen?**
292 Gi- gibt's schon Gründe. Also wenn wenn wenn wenn das (___). Also
293 würd ich jetzt draufgekommen bei einem bei einem (___) dass es sowas
294 wie Rassismus gibt, ja, Abwertung nach der nach der Stunde, ja, dann
295 muss ich mir überlegen: Gehe ich da durch oder machen wir einen
296 Wechsel, ja? Und spüren tut man das eigentlich am Patienten. Dem
297 geht's dann nicht so gut, der sagt dann nicht mehr viel, ja. Es gibt es gibt
298 so Dinge, das ist ganz klar.
299 **Ja.**
300 Es gibt die totale Paranoia dann, nein, weil ist logisch, ja, wir können
301 jeder vom Geheimdienst sein oder jeder irgendwie der Polizei was sagen
302 oder da gibt's einfach auch Krankheitsbilder oder oder posttraumatische
303 Störungen, wo so eine paranoide Tendenz drinnen ist, ja. Und es gibt
304 auch Dolmetscher, die die wirklich halt, ja, die die die das wie kann man
305 denn das sagen, die die für die die Dynamik in der Therapie halt dann
306 einfach auch zu belastend ist, ja. Und es gibt ja auch für mich
307 Situationen, die mich einfach zu sehr belasten, ja. Also ich ich müsste

308 dann auch hergehen und sagen: Ich bin nicht eine gute Therapeutin für
309 den Patienten, ja.
310 **Sie haben gesagt, das wird dann nach der Stunde angesprochen -**
311 Ja.
312 **Das ist dann eben im Rahmen eines regelmäßigen Nachgesprächs**
313 **oder dass Sie sich nochmal austauschen-**
314 Die führe ich gar nicht so.
315 **Okay.**
316 Die führe ich gar nicht so, weil die ich ich da jetzt nicht so viel davon
317 halt, ja. Weil weil die Frage ist, was soll ich da tun, ja? Wenn's ihr oder
318 ihm nicht gut geht, dann kann er zur Supervision gehen, ja. Aber es gibt
319 manchmal einfach Fragen oder dass man mal also es gibt so Sachen was
320 weiß ich, dass jetzt die Stunde sehr schwierig war und man steht noch so
321 da, macht das Fenster auf und sagt: „Puh! Das war jetzt echt schwierig!",
322 ja. Und ich ich trau der Dolmetscherin oder dem Dolmetscher einfach zu,
323 dass er sagt: Ich mag noch mit dir reden, ja. Aber mich jetzt immer
324 automatisch verantwortlich fühlen, das ist das kann ich energiemäßig
325 auch nicht leisten, ja. Und es ist eine Verkleinerung vom Dolmetscher.
326 **Ja.**
327 Es ist irgendwo ein nicht-ernst-nehmen, ein nicht-respektieren, ja. Weil
328 weil da gibt's ein Setting und da gibt's Möglichkeiten auch in die
329 Supervision zu gehen oder mich zu fragen u- und auf das warte ich, ja.
330 Und wenn sich das ergibt, bin ich da, ja.
331 **Okay. Gibt's noch irgendwas was Sie hinzufügen möchten am Ende**
332 **unseres Interviews? Was wir noch nicht angesprochen haben, aber**
333 **was wichtig sein könnte?**
334 Es gibt einen guten Artikel übers Dolmetschen und und die und und bei
335 Lai- über die Laiendolmetscher, den kann ich Ihnen zukommen lassen.
336 Das ist (XXX) [von Kollegen aus einer Einrichtung erstellt worden], die
337 es auch leider nicht mehr gibt, das ist so etwas ähnliches gewesen wie
338 [E2], ja, von einer Freundin von mir, der [Frau (XXX)], und die schreibt
339 einen Artikel mit ihrem Kollegen über über das warum irgendwann
340 Laiendolmetscher, Muttersprachliche, anfangen, irgendwie so in die
341 Therapie einzugreifen, und das ist total spannend. Und das sagt, das tun
342 die, weil sie ihre Muttersprache als so gering bewerten, dass sie das nicht
343 als Leistung sehen, sondern dass sie die wollen dann einfach alles sein:
344 Kulturmittler und alles, um das aufzuwerten, ja. Aber das hat mit dem zu
345 tun, dass es in einer therapeutischen Situation einfach so einen geringen
346 Wert hat, zu übersetzen. Weil man wirklich nicht das ist ganz einfach:
347 Ich kann ohne den Dolmetscher diese Arbeit in der Form nicht machen.

348 **Aber Sie haben nicht das Gefühl, dass es aufgrund des Dolmetschers**
349 **dann weniger gut geht als wenn Sie direkt mit dem Patienten**
350 **kommunizieren, habe ich Sie da richtig verstanden? Für Sie ist das** –
351 Ja, für mich ist das gleich. Ich habe andere Chancen, ich habe andere
352 Möglichkeiten. Durch das Nonverbale ich habe Zeit fürs Nonverbale, ich
353 hab Zeit was ich hab auch Zeit zu schauen, was in der Gruppe passiert,
354 ja, bewerte das aber nicht über, ja, weil das sehr kompliziert ist, ja, nimm
355 aber trotzdem so so Sachen, die der Dolmetscher wie er schaut und so
356 weiter, da hab ich schon ein Auge drauf, weil das ist für mich alles
357 Information, ja. Aber gehen tut's letztendlich wirklich jetzt um den
358 Patienten, dass wir zwei gut zusammenarbeiten, damit dort was vorwärts
359 geht, ja.
360 **Gut.**
361 Bitte.
362 **Vielen vielen herzlichen Dank.**
363 Ja.

1 **f)   Transkript des Interviews mit D1**
2   15.10.2010 in E1
3   Gesamtlänge der Aufnahme: 17:36 Minuten
4   Interviewpartner: **Köllmann** und D1
5
6 **Interview mit Dolmetscherin 1 am 15.10. in (XXX). Sie sind**
7 **weiblich. Sie sind welcher Nationalität?**
8 Ich bin in Iran geboren und aufgewachsen.
9 **Wie lange leben Sie schon (XXX) [im deutschsprachigen Teil**
10 **Mitteleuropas]?**
11 20 Jahre.
12 **Und wie lange arbeiten Sie schon in dieser Einrichtung?**
13 8 Jahre. Oder 7.
14 **Okay. Ein paar Fragen zu Ihrem beruflichen Werdegang. Wie**
15 **kamen Sie denn zum Dolmetschen?**
16 Wie kam ich zum Dolmetschen. Genau. Ich habe meinen Abschluss
17 gemacht, ich bin ursprünglich Sozialpädagogin. Nach meinen Abschluss
18 suchte Arbeit, hab zufällig hier angerufen und gefragt ob ich mich hier
19 bewerben kann, als Sozialpädagogin natürlich. Aber die haben die haben
20 jetzt kein Sozialpädagogen gebraucht aber Dolmetscher. Und dann war
21 ich hier (lacht).

22 **Okay. Mit welchen Sprachen arbeiten Sie? Mit Deutsch, Farsi und?**
23 Mit Deutsch, Farsi, Kurdisch, Dari und Kurdisch-Sorani hab ich
24 gearbeitet.
25 **Okay. Und wo haben Sie die ganzen sprachlichen Kenntnisse her?**
26 Kurdisch ist meine Muttersprache, Persisch ist meine Schulsprache, Dari
27 habe ich es ist auch ähnliche Sprache fast so wie wie wie Persisch. Dann,
28 was kann ich noch sprechen? Deutsch hab ich hier gelernt.
29 **Ich bin beeindruckt. (lacht)**
30 Danke. (lacht)
31 **In welchem Bereich arbeiten Sie hauptsächlich? Hier im Zentrum**
32 **oder?**
33 Wie gesagt, auch als Dolmetscherin. Und dadurch, dass es nicht meine
34 ich habe ich arbeite diese Arbeit tue ich neben meiner Hauptarbeit, und
35 deswegen bin ich auch zur Zeit nicht so oft hier.
36 **Und Ihre Hauptarbeit ist dann als Sozialpädagogin?**
37 Genau, in der Schule.
38 **Okay. Und dann sind Sie aus Zufall im psychotherapeutischen**
39 **Bereich als Dolmetscherin gelandet?**
40 Genau. Kann man so sagen.
41 **Wie sah denn die Vorbereitung auf Ihren ersten Einsatz aus?**
42 Ich hab hier eine Erstgespräch gehabt. Man wusste man hat mir bisschen
43 erklärt, worum es geht, was ich übersetzen sollte und ehrlich gesagt,
44 dadurch, dadurch, dass ich auch persönlich politisch aktiv war in
45 ursprüngliches Land im Iran und auch und bin auch hier vor Jahren
46 Asylbewerber beantragt und (___) dann hat man mir gesagt, was auf
47 mich zukommt und hat man berichtet. Ich hab ein paar Male
48 gedolmetscht und danach hab ich auch gesagt wie ich mich fühle und es
49 war okay und wie gesagt es hat sich so nebenbei ergeben und ist heute
50 noch. Ja.
51 **Haben Sie sich denn im Voraus Fachkenntnisse zur Psychotherapie**
52 **an sich angeeignet?**
53 Nicht wirklich. (lacht)
54 **(lacht) Haben Sie eine Schulung zu dem Thema bekommen oder**
55 **haben Sie das dann so?**
56 Ach so, jetzt hier. Okay. Am Anfang ich war immer bei Supervision
57 dabei gewesen, hier mit dabei, nicht vergessen. Und auch beim
58 Dolmetschertee dann natürlich konnte man bestimmte Sachen Anliegen
59 auch ansprechen. Aber Supervision war auch jede einmal im Monat und
60 da war auch eine gute Hilfe.

61 **Okay. Hat Ihnen das, also nachdem man Ihnen gesagt hat, worauf**
62 **Sie sich einstellen müssen, und nachdem Sie die Supervision schon**
63 **mitbekommen haben, hat Sie das ausreichend vorbereitet? Hatten**
64 **Sie das Gefühl vor Ihrer ersten Sitzung, Sie sind gut vorbereitet?**
65 Ich war gut vorbereitet. Aber wie gesagt es ist aber es hat es ist ein
66 menschliche Sache, Situation, er hat mit Emotionen zu tun und so.
67 Dadurch, dass ich einigermaßen auch mitfühle wie die Patient oder
68 Patientinnen sich gefühlt haben, dann erlebe ich das wieder mit denen.
69 Und ich in diesem Augenblick kann sein dass sofort Bilder auch bei mir,
70 vor meine Augen sind. Weil ich selber wenn der Patient sagt jeden jeden
71 Nacht wurden Leute aus den Zellen rausgebracht und hingerichtet weil
72 ich dieses Gefühl kenne, dann weiß ich wovon der sprecht. Und natürlich
73 danach, dadurch, dass es auch gibt Besprechung mit dem Dol- mit dem
74 Therapeut da kann man sich auch bisschen aussprechen und sagen
75 worum es geht oder was mich belastet hat. Was mich nicht belastet hat
76 jetzt halt versuche ich wenn ich hier rausgehe vergessen. Das sind die
77 Kleinigkeiten, die helfen. Aber am meistens auch ich glaube Erfahrung
78 auch tut einer sehr gut und dann kann man und weiß man wie man mit
79 der Sache umgehen sollte. Dass nachher auch nichts auf eine längere
80 Belastung oder dies und jenes kommt. Deswegen. Und ich nehme an
81 außer dieser einmal im Monat Supervision jeder sollte selber gucken,
82 wie weit er mit diesen Sachen klarkommt, was man hört. Weil es sind
83 ständig Schmerzsachen, ständig Schmerzerlebnisse und das ist auch
84 besonders für Menschen mit viel Emotion und dann ist es nicht einfach.
85 Jeder sollte gucken wie damit klarkommt und ob es ob auch klarkommt
86 oder.
87 **Ich hab hier gleich noch ein paar Fragen zur Supervision. Ist denn**
88 **das Angebot auf die Dolmetscher zugeschnitten oder ist es für die**
89 **ganzen Therapeuten auch?**
90 Ne, es ist nur für Dolmetscher, einmal im Monat.
91 **Okay. Okay.**
92 Es ist so für die Dolmetscher die hier einsteigen nach paar Monaten
93 sozusagen dann weil es ist auch sehr beliebt am meistens und dann die
94 Dolmetscher dürfen hingehen und genau. Ich gehe allerdings seit
95 längerer Zeit auch nicht mehr hin weil die Zeit knapp ist, aber doch, es
96 ist sehr hilfsreich.
97 **Okay, gut. Dann kommen wir mal zur Arbeit in dieser**
98 **Dreiecksbeziehung mit Therapeut und Patient und Dolmetscherin.**
99 **Haben Sie denn das Gefühl, dass die anderen in Ihren**
100 **Ausdrucksweisen Rücksicht darauf nehmen, dass gedolmetscht**

101 **wird, was das Tempo, oder die Ausdrücke oder die Pausen und**
102 **ähnliches angeht?**
103 Doch. Die die die sobald den bekannt ist, was ich möchte und was ist
104 und wie weit und so dann doch, die berücksichtigen. Sowohl der
105 Therapeut als auch der Patient oder die Patientin.
106 **Fühlt es sich dann für Sie an dass die direkt miteinander**
107 **kommunizieren über Sie oder dass sie schon noch auch mit Ihnen**
108 **kommunizieren?**
109 (___) Doch, ich glaub schon die beide Thera- kommunizieren
110 miteinander und ich bin nur die Stimme.
111 **Okay.**
112 Ja, und da wie auf zwei Sprachen (lacht). Doch eher so ist es.
113 **Ja.**
114 Natürlich es gibt Momente wo eine Erklärungsbedarf ist es, für manche
115 (___) kulturelle sozusagen Sachen die die Therapeut nicht davon weiß
116 oder auch umgekehrt der Patient auch nicht weiß wovon der Therapeut
117 fragt. Was meint er denn da? Da ich auch glaube ich eine sehr gute Hilf,
118 dass die beiden auch diese Erklärung abgeben und sagen, worum es geht
119 oder was da los ist. Natürlich da muss man auch bisschen diese diese
120 (___) dass der Therapeut dich als Dolmetscher auch erlaubt, so weit zu
121 kommen. Zum Glück ich hab immer gute Erfahrung gemacht, auch mit,
122 doch, konnte, falls da Erklärungsbedarf ist, auch mich aussprechen.
123 **Genau, das wäre meine nächste Frage gewesen. Besteht denn die**
124 **Möglichkeit, dass Sie den Dialog unterbrechen, um nachzufragen,**
125 **um irgendwas klarzustellen?**
126 Nicht so direkt den Dialog unterbrechen. Manchmal nebenbei sag ich
127 den Therapeut worum es geht und sag ich auch, dass es meine eigene
128 Worte sind, nicht von den Thera- aber. Oder nach dem Therapiestunde,
129 dann hat man ausreichend Zeit oder hat man ein paar Minuten, nicht
130 ausreichend (lacht), 10 Minuten Zeit, dass man sich auch dann
131 kommuniziert.
132 **Sind denn schon mal Probleme aufgetreten in so einer**
133 **Zusammenarbeit?**
134 Mit den Patienten in Therapie oder?
135 **Na, überhaupt in dieser Therapiekonstellation zu dritt.**
136 Nein. Nicht. Ich kann mich an nichts an erinnern. Mir fällt nichts ein.
137 **Das ist ja schön. (lacht)**
138 Ja, doch. (lacht)
139 **Sie haben angesprochen, dass Sitzungen regelmäßig stattfinden**
140 **nach, also zwischen Ihnen und Therapeut, dass Sie sich nach der**

141 **Sitzung kurz austauschen. Machen Sie das auch vor der Sitzung?**
142 **Also dass es heißt: Heute machen wir diesen Therapieschritt, oder:**
143 **Ich möchte heute Folgendes erreichen?**
144 Nein, nein. Es sei denn, es ist was Bestimmtes, das der Therapeut mich
145 berichtet, aber sonst, nein.
146 **Okay. Und wenn Sie sich nach der Sitzung besprechen, was wird**
147 **dann da angesprochen? Wie Sie beide den Patienten**
148 **wahrgenommen haben? Ob der Therapeut Fortschritte sieht? Was**
149 **wird in so einer Nachbesprechung?**
150 Ach so, Nachgespräch. Erstmal geht's um diese Nachgespräch geht's um
151 mich als als Dolmetscher. Ob da eine Problematik vorkam oder
152 irgendwas, dass es undeutlich war oder worum es ging. Da versuch ich
153 das zu klären, und nein, erstmal so. Oder weil dadurch, dass ich auch den
154 Patient hören kann, mit welche Stimme und mit welche Gefühle sich
155 ausdrückte. Vielleicht man wird auch danach gefragt, wie war das wie
156 hast du es das gefunden, oder was meinst du. Ab und zu.
157 **Okay. Gibt es irgendwas was Sie da gerne mal ansprechen würden,**
158 **was nicht so zur Sprache kommt? Also irgendwas, was Ihnen fehlt in**
159 **dem, in so nem Nachgespräch?**
160 (___) Nein, nein, nichts. Es ist nur ein Job wo, dadurch, dass wir auch
161 nicht geeidigte Dolmetscher sind und überhaupt, nicht es wird hier
162 besser sozusagen entgeltet aber im Vergleich zu anderen Institutionen
163 aber immerhin leider auch sehr niedrig bezahlter Job ist es.
164 **Ja.**
165 Obwohl ich meine, wir werden wir spielen hier eine große Rolle, meine
166 Meinung nach, da sind wir die Vermittler zwischen diese beide und ich
167 meine nach so viele Jahre Erfahrung auch man lernt auch, man sammelt
168 Menge und man keine Ahnung, vielleicht dadurch, dass ich auch
169 Sozialpädagogin bin, dann man entwickelt sich, aber es ist so: Am Ende
170 dann ist man hier nur der Dolmetscher der Sprache, sozusagen
171 Vermittler, und dabei bleibt es.
172 **Okay. Welche Aspekte in der Zusammenarbeit empfinden Sie denn**
173 **als besonders belastend? Sie hatten vorhin angesprochen, dass es**
174 **immer sehr schmerzlastige Erinnerungen sind.**
175 Wie gesagt, es ist nicht einfach. Da, wo der Patient über seine Folter
176 detailliert sprecht und sagt was man den angetan hat und wie und so, das
177 sind sehr oft auch ehrlich gesagt sehr sehr sogar, keine Ahnung, das sind
178 sehr schmerzhafte Sachen, die man auch sogar erstmal hört und dann
179 weitergibt. Das ist nicht einfach, das ist das ist das ist Folter und ich
180 denke Folter ist nicht jemands jedem Menschens Sache und das es tut,

181 und das tut weh, das es ist so geht in dir rein in den Knochen und da und
182 kann sozusagen man fühlt auch diese Sachen, diese Schmerz in sich.
183 Und deswegen denke ich, es ist nicht so eine sehr leichtgemachte Sache
184 hier da hat er das. Einfach nur Sprache, es ist nicht einfach nur Sprache.
185 Man ist mit Emotionen, man ist mit ganze es ist auch sehr der Arbeit von
186 sich auch vom Menschen hat mit Menschen zu tun, deswegen ist es kein
187 leicht gemachtes Arbeit. Und doch, sehr oft tut weh, ist traurig. Da muss
188 man vielleicht noch darüber nachdenken oder gucken und ein Woche
189 später kommen, fragen: Das war so, das war traurig, das hat mich ganze
190 Woche beschäftigt oder dies und jenes. Okay, ich hab jetzt ja auch alles
191 so ganz einfach getan, ich denke weil wie gesagt, ich hab's eine
192 langjährige Erfahrung sowohl als Gefolterte als auch hier, denn da ich
193 hab inzwischen eine Methode wie ich damit leben kann und überhaupt,
194 aber es ist gar kein leicht gemachtes Job.
195 **Nein, das. Gibt es denn also auch positive Aspekte? Irgendwas, was**
196 **Sie an dieser Arbeit als besonders bereichernd empfinden?**
197 Doch, es tut gut. Ich meine, eine Seite es tut gut auch dass man weiß von
198 eine Seite, als diejenige, die aus dem Land raus ist, dass du bist nicht
199 alleine, da sind viele andere Menschen die auch sowohl kämpfen aber
200 leider auch werden unterdrückt und so, das tut nicht gut natürlich (lacht)
201 aber es ist traurig. Aber dass es diese Bewegung weiter gibt und
202 natürlich die auch wie die Therapeut auch mit die Patient umgeht, da es
203 ist auch für mich eine menschliche Begegnung, Erfahrung, und man lernt
204 auch davon Menge. Und deswegen das ist auch immer eine
205 Bereicherung, Bereicherung und das ist immer gut.
206 **Sie haben auch vorhin gesagt, dass Sie letzten Endes auch immer**
207 **nur in Anführungszeichen der Dolmetscher sind in diesem Gespräch**
208 **zwischen Therapeut und und Patient. Fühlen Sie sich denn als**
209 **Dolmetscherin in das Team integriert hier in der in der Einrichtung**
210 **oder?**
211 Doch, ich denke schon. Wenn ich Zeit habe, ich bin und möchte, doch.
212 Das tut gut, nur wie gesagt: Durch diese ganze Sparmaßnahmen und dies
213 und das und jenes und dadurch, dass wir honorarangestellt sind, das ist
214 leider, ich mein, heutzutage die Menschen mit feste Vertrag sind nicht
215 sicher. Und jetzt wir mit den Honoraren, da kann man sich vorstellen.
216 **Ja. Wie verstehen Sie denn Ihre Rolle als Dolmetscherin in der**
217 **Therapie. Sprachmittler, Kulturmittler?**
218 Beides, beides. Aber eher Sprachmitt-, ich versuche ehrlich gesagt,
219 Sprachmittler bleiben, damit genau, dann das ist die Grenze. Und wie
220 gesagt, dieser Kultur-, falls es notwendig sein sollte und falls ich das

221 Gefühl habe, da eine Erklärungsbedarf ist, natürlich, dann mache ich das
222 auch.
223 **Okay.**
224 Muss nicht sein.
225 **Unter welchen Umständen würden Sie n Auftrag ablehnen?**
226 (___) Einzelne Aufträge oder überhaupt?
227 **Na, wenn es jetzt heißt: Wir hätten den und den Patienten so und so,**
228 **was wären da Gründe, dass Sie sagen würden: Das kann ich nicht,**
229 **das möchte ich nicht.**
230 Achso. Aus Zeit.
231 **Okay.**
232 Wenn ich keine Zeit, Zeitmangel.
233 **Okay. Aber es wäre jetzt nicht ein Grund wenn jemand aus**
234 **irgendeiner bestimmten politischen Richtung angehört hat?**
235 Ne. Aber mir fällt auf, nicht vielleicht für Täter dolmetschen. Zum Glück
236 hab ich auch noch nie erlebt. War einmal da, aber der, man hat ihn auch
237 gesagt, da wollen wir nicht Täter und Folter- Gefolterte nebeneinander s-
238 nebeneinander setzten und wurde wo anders geschickt. Aber das ist auch
239 nicht ein-, möchte ich auch nicht, für Täter übersetzen.
240 **Kann ich gut verstehen. Gibt es denn aus Ihrer Sicht als**
241 **Dolmetscherin noch Dinge, die in der Zusammenarbeit verbessert**
242 **werden könnten?**
243 Wie gesagt, es sind die Dinge die eigentlich metho- nicht methodische
244 sondern praktische, die die man auch sofort besprecht wie gesagt, ja,
245 davor oder danach mit dem Therapeut, und wenn auch mit bei Bedarf
246 dann man Patient mit dem Patient und so man reagiert auch spontan, wer
247 was bei Bedarf was Notwendiges sein müsste verändern und so, oder so
248 wenn man reagiert auch.
249 **Okay. Dann bedanke ich mich auch bei Ihnen ganz herzlich.**
250 Bitte schön.

1 **g)   Transkript des Interviews mit D2**
2   20.10.2010 in E2
3   Gesamtlänge der Aufnahme: 20:06 Minuten
4   Interviewpartner: **Köllmann** und D2
5
6 **Dolmetscherinterview 2 am 20.10. in (XXX). Also, du bist weiblich.**
7 **Welcher Nationalität bist du?**
8 (XXX). [Ich stamme aus dem deutschsprachigen Teil Mitteleuropas.]
9 **Und wie lange arbeitest du schon hier?**
10 Seit Februar 2008.
11 **Okay.**
12 (kurze Unterbrechung des Interviews durch hereinkommende Person)
13 **Ein paar Fragen zum beruflichen Werdegang. Wie kamst du zum**
14 **Dolmetschen?**
15 Zum Studium generell?
16 **Ja, überhaupt.**
17 Also eben ich hab in (XXX) studiert Russisch und Französisch eben
18 Übersetzen und Dolmetschen, weil das in (XXX) eigentlich damals noch
19 relativ leicht gegangen ist, und es war eigentlich so, dass mir
20 Dolmetschen also schon ich war mal beim Tag der offenen Tür von der
21 Universität und war dann ganz begeistert weil dort eben eine Konferenz
22 auf Russisch ge- also gedolmetscht wurde mit verschiedenen Kabinen
23 und das hat mir einfach so gefallen, dass ich dann das studiert hab.
24 **Okay. Und dann arbeitest du mit Deutsch und Französisch und**
25 **Russisch?**
26 Ich arbeite eigentlich mehr mit Deutsch und Russisch jetzt und mit
27 Französisch eher sehr wenig, weil einfach weniger Arbeit ist in (XXX)
28 oder in (XXX) [dieser Gegend].
29 **Hattest du Vorkenntnisse in Russisch?**
30 Nein, nicht. Nur auf der Uni.
31 **Arbeitest du in welchem Bereich arbeitest du dann hauptsächlich?**
32 Also eben hauptsächlich oder viel mit Flüchtlingen, aber auch ein
33 bisschen am Gericht und ansonsten mache ich eben noch was anderes
34 und zwar eben so eine Arbeit in einem russischen Reisebüro daneben
35 noch, weil es doch ja nur mit dolmetschen und übersetzen nicht reicht.
36 Also ich versuche mir das irgendwie aufzubauen, aber das geht ja nicht
37 so schnell, wie man weiß. (lacht)
38 **Wie kamst du dazu, im psychotherapeutischen Bereich zu**
39 **dolmetschen?**

40 Ja also eigentlich so, dass eben ein paar Bekannte, die auch an meiner
41 Universität studiert haben, dass die schon früher dort gedolmetscht
42 haben, weil es also die Organisation [E2] gibt es jetzt ungefähr ein
43 bisschen länger als als 6 Jahre, und die sind eben direkt von der
44 Universität dann dort angeworben worden, weil sie das einfach mal
45 versuchen wollten, weil es eben noch wenige Arbeitsplätze gab, und
46 dann hab ich eben da Leute gekannt und bin dann irgendwie hab schon
47 eben früher überlegt, dass ich da gerne arbeiten würde und dann ist eine
48 Kollegin von mir ins Ausland gegangen und die hat dann mich gefragt.
49 Und so bin ich dann eben hierher gekommen.
50 **Wie sah denn die Vorbereitung auf deinen ersten Einsatz in der**
51 **Therapie aus?**
52 Also es hat ein Seminar gegeben, das eben eine Kollegin geleitet hat, die
53 dort schon länger gedolmetscht hat und jetzt auch eine Dissertation über
54 Dolmetschen in der Psychotherapie schreibt, und die hat eigentlich eben
55 ich weiß nicht mehr, wie lange das gedauert hat, so einen halben Tag
56 ungefähr, und das war eigentlich die Vorbereitung. Und dann auch ein
57 Gespräch mit der Leiterin und mit einer anderen Therapeutin, eben so
58 ein bisschen ungefähr wie eben gedolmetscht werden soll und aber eben,
59 ich hatte eben schon ein paar Vorkenntnisse von den ganzen
60 Erzählungen und da eben jemand auch schon mal an der Universität
61 einen Vortrag drüber gehalten hat, von dem her war ich also auch schon
62 ein bisschen informiert über das hier so.
63 **Hast du dir denn im Voraus Fachkenntnisse zum Thema**
64 **Psychotherapie angeeignet?**
65 Also ich hab mich schon versucht, irgendwie was zu machen, und vor
66 allem auch irgendwie eben versucht, halt vokabelmäßig was zu lernen.
67 Wobei ich sagen muss, dass man das eher weniger verwenden hat
68 können. Also es kommt einfach sowieso alles und man kann sich eher
69 schlecht auf die Dinge vorbereiten.
70 **Okay. Aber es gab dann von Seiten der Einrichtung oder so keine**
71 **Schulung zum Thema Psychotherapie, irgendeine Einführung oder**
72 **so?**
73 Direkt zum Thema Psychotherapie nein.
74 **Okay.**
75 Gab es nicht. Aber es gibt eben, ich weiß nicht ob das jetzt schon passt,
76 aber es gibt eben also Supervisionen mit einer anderen Therapeutin, die
77 nicht von der Einrichtung [E2] ist, und dann sogenannte
78 Dolmetschaustauschtreffen, wo eben die Dolmetscher sich mit der

79 Leiterin, die selber Psychotherapeutin ist, treffen und dann einfach auch
80 Probleme besprechen können oder eben sich austauschen können.
81 **Da können wir gerne gleich zu übergehen.**
82 Okay.
83 **Und zwar: Ist das dann auf Dol- also die Dolmetschertreffen sind ja**
84 **dann wohl nur für die Dolmetscher, wenn ich das richtig verstanden**
85 **habe und die Supervision auch, oder sind da auch Thera-?**
86 Genau. Nein die Supervision eben es gibt eine Supervision extra nur für
87 die Dolmetscher, die ist zweimal pro Halbjahr, glaub ich, also viermal
88 im Jahr.
89 **Okay. Ist das irgendwie gut auf die Probleme zugeschnitten, die man**
90 **dann auch wirklich hat so in der Praxis?**
91 Ja, auf jeden Fall, weil also das ist eigentlich so, dass da immer die
92 Themen direkt von den Dolmetschern eingesammelt werden. Also jeder
93 kann einfach wenn ihm wenn er etwas zu besprechen hat, kann er das
94 vorschlagen. Natürlich, manchmal möchte man das nicht in der ganzen
95 Runde besprechen, aber eigentlich ist es von dem her sehr gut drauf
96 zugeschnitten.
97 **Hast du das dann selber auch schon in Anspruch genommen?**
98 Ja. Also es ist eigentlich so, dass das für alle eben angeboten wird und
99 wer es halt in Anspruch nimmt geht hin. Ja und ich wa- ich versuch
100 eigentlich schon immer hinzugehen, weil es schon nützlich ist.
101 **Welche Aspekte, wo wir schon bei dem ganzen Thema Supervision**
102 **und so sind, in der Zusammenarbeit empfindest du denn als**
103 **besonders belastend?**
104 (___) Also einfach manchmal also manchmal einfach nur die Themen
105 über die gesprochen wird, wobei man da die Möglichkeit hätte, sofort
106 nach der Therapiestunde mit dem Therapeuten das zu besprechen, was
107 mit der Zeit immer weniger passiert. Weil man selber denkt jaja, das
108 geht schon irgendwie und man steckt das schon weg. Das irgendwie und
109 dann schon manchmal diese Rolle, in der man ist. Und eben bei diesen
110 Austauschtreffen und bei der Supervision geht's oft um diese Rolle, dass
111 man eben nur der Dolmetscher ist und dass man eben eigentlich also
112 man wird irgendwie einfach automatisch ein- einbezogen und man
113 bekommt was mit von den Gefühlen, die da irgendwie sind. Aber man
114 sollte das eigentlich nicht, weil man sollte so neutral wie möglich sein,
115 und um das geht's ziemlich oft und das finde ich auch immer wieder eins
116 der schwierigsten Dinge.
117 **Hast du da für dich irgendwie n Weg gefunden, wie du das**
118 **irgendwie regelst oder?**

119 Ja also manchmal eben so ist dann auch eben öfter so besprochen
120 worden und dadurch hab ich dann eben den Weg gefunden, dass ich
121 mich manchmal, wenn ich das Gefühl eb- Gefühl habe, ich werd zu viel
122 hineingezogen, dass ich mich einfach nur aufs dolmetschen konzentriere.
123 Also dass ich mir auch eben einmal war ein ganz blöder Fall, wo mir
124 einfach die der Klient die Klientin so auf die Nerven gegangen ist. Also
125 ich hab da eigentlich nichts dagegen machen können, weil ich war
126 genervt in der Stunde, und dann hat eben ist haben wir halt gemeinsam
127 erarbeitet, dass ich mir vorstellen könnte, ich sitze in einer Kabine und
128 bin wirklich so wie Konferenzdolmetscher und das hat dann einfach gut
129 geholfen. Also ich mag meistens diese Strategie, dass ich mich
130 konzentriere auf das, wie ich dolmetsche und wie was genau gesagt wird.
131 **Auf die sprachliche Ebene dann gehst und das andere raus lässt?**
132 Genau.
133 **Und welche Aspekte empfindest du als besonders positiv und**
134 **bereichernd?**
135 Also bereichernd finde ich, dass ich das Gefühl hab, die Arbeit nut- ist
136 nützlich so einfach als Arbeit an sich, dass man einfach sieht, dass es bei
137 den Leuten irgendwie zu positiven Ergebnissen führt und ja, dass es ein
138 sehr also ich hab in anderen im Flüchtlingsbereich in anderen Stellen
139 gedolmetscht wo es nur darum geht: Ach nein, das ist ein bisschen das
140 ist das letzte Mal so gesagt und das müssen sie so sagen, und das war
141 halt einfach ein sehr unangenehmes Arbeiten und es wurde auch
142 überhaupt nicht auf den Dolmetscher eingegangen. Und das ist hier sehr
143 gut, weil sie lange mit Dolmetschern zusammenarbeiten, weil sie viel
144 Rücksicht nehmen auf die Dolmetscher und das gefällt mir hier sehr gut.
145 **Inwieweit fühlst du dich dann so in das Team von der Einrichtung**
146 **hier integriert?**
147 Ja, eigentlich (___) schon, aber manchmal eben ja es ist so, dass man
148 halt doch immer hingeht als Dolmetscher, man macht seine Stunden und
149 geht wieder. Und man trifft die anderen nur bei den Austauschtreffen
150 oder eben man versucht eben bei der Einrichtung [E2] eigentlich auch
151 zum Beispiel jetzt im Oktober gibt es ein Großtreffen, wo eben alle
152 zusammenkommen, Therapeuten, Dolmetscher und wo einfach dann in
153 die Richtung ein bisschen gearbeitet wird. Also man versucht das ein
154 bisschen zusammenzuhalten und jetzt, seitdem also ich bin jetzt im
155 letzten Jahr hab ich ein bisschen mehr gedolmetscht, und seitdem fühl
156 ich mich eigentlich schon ziemlich integriert.
157 **Okay. Hast du denn das Gefühl, dass die anderen Thera-**
158 **piebeteiligten auf dich Rücksicht nehmen? Also aus deiner Warte:**

159 **Werden Pausen gemacht oder komplizierte Ausdrücke dann**
160 **vermieden im Großteil der Fälle oder?**
161 Also mir kommt vor, ich also wenn ich jetzt von der Situation hier
162 spreche, dann auf jeden Fall. Also es hängt halt vom Therapeuten ab und
163 es hängt vom Klienten ab. Aber also eigentlich im Großteil der Fälle hab
164 ich das Gefühl, das Rücksicht genommen wird. Jetzt mit den
165 Ausdrücken manchmal (___) ja, auch manchmal, doch, ist das so.
166 **Hast du das Gefühl, dass die andern eigentlich dich ansprechen oder**
167 **dass sie dann doch miteinander kommunizieren?**
168 Das ist auch wieder verschieden, je nach Klient eigentlich. Wobei mir
169 allgemein auffällt, wenn die Leute eben länger in die Therapie kommen,
170 dass es dann mehr ein Gespräch zwischen Therapeut und Klient wird,
171 und am Anfang eben eher so ist, dass die Klienten immer zum
172 Dolmetscher schauen, die Therapeuten dann aber sagen: „Schauen Sie
173 mich an!", aber dass das eben nicht unvermeidbar ist am Anfang.
174 **Besteht denn für dich die Möglichkeit, dass du den Dialog**
175 **unterbrichst inhaltlich um irgendwelche Missverständnisse zu**
176 **klären oder nochmal nachzuhaken?**
177 Also eigentlich das hat man am irgendwie so am Anfang oder im Laufe
178 der Arbeit mitbekommen oder auch mitgekriegt, dass man eigentlich
179 immer alles dolmetschen sollte und sozusagen dass sich das
180 Missverständnis dann so klärt, ohne Interventa- Intervention vom
181 Dolmetscher. Manchmal, wenn's jetzt wenn ich wirklich merk da ist was
182 falsch, da kann ich schon dazwischen sagen: Ah nein, da ist ein
183 Übersetzungsfehler oder ich hab jetzt das falsch verstanden oder sie
184 verstehen sich nicht richtig. Also ich hab die Möglichkeit das zu sagen,
185 aber ich versuch's weitgehend zu vermeiden.
186 **Okay. Sind denn aus deiner Warte schon mal Probleme aufgetreten**
187 **in so ner Dreiecksbeziehung?**
188 (___) Ja, schon. Mal überlegen. (___)
189 **Ich werde weder die Institution noch dich noch sonst irgendjemand**
190 **namentlich nennen.**
191 Nein nein. (lacht)
192 **(lacht)**
193 Nein eben, ich überleg nur grad, weil natürlich oft schon manchmal
194 Probleme auftreten, aber eben jetzt konkretes also es sind manchmal
195 Probleme aufgetreten, sagen wir mal so und (___)
196 **Wir können auch weitermachen und wenn dir was einfällt sagst du:**
197 **Übrigens, zu dem vorhin.**
198 Ja, vielleicht, genau, ja. (lacht)

199 **(lacht)**
200 Gut. Das ist nämlich heute schwierig. (lacht)
201 **Kommt bestimmt noch. (lacht)**
202 Ja. (lacht)
203 **Du hattest gesagt, dass vor allem zu Beginn der Therapie häu- oder**
204 **zu Beginn der Arbeit noch Nachsitzungen stattfinden. Finden denn**
205 **auch Vorsitzungen statt, also vorher?**
206 Also bevor ein neuer Klient also bevor man die erste Stunde mit einem
207 neuen Klienten hat, wird meistens kurz was über den also von der
208 Therapeutenseite über den Klienten erklärt. Meistens wissen die aber
209 selber jetzt nicht so viel, also so viele Vorgespräche sind's nicht
210 wirklich.
211 **Okay.**
212 Eher eher dann eben im Nachhinein. Wenn man dann sieht also eher
213 nach der Therapie zum Beispiel beim ersten Mal.
214 **Und was wird dann da thematisiert?**
215 Also oft wird schon thematisiert zum Beispiel wie jetzt also der Zustand
216 von dem Klienten, über die Geschichte ein bisschen oder eben auch,
217 wenn beim Dolmetscher irgendwelche Probleme waren. Also wenn man
218 sich jetzt zu sehr eingebracht, so etwas zum Beispiel wird thematisiert.
219 Wobei das eben ich muss sagen, das wird einfach mit der Zeit, wenn
220 man dann dieses Arbeiten gewöhnt ist, ist das einfach seltener.
221 **Wird denn auch der Eindruck de-der Dolmetscherin vom Patienten**
222 **erfragt oder?**
223 Also ich weiß noch, es war mal eine Dolmetscherin und da hat dann der
224 Klient gesagt also er war da nicht zufrieden, weil er hat halt schon
225 ziemlich gut Deutsch gesprochen und hat halt behauptet, sie hätte da
226 einiges auch nicht übersetzt und dann war eben ein Dolmetscherwechsel.
227 Und das weiß ich, das ist eine Freundin von mir, also es wird es wird
228 eher es wird schon gefragt ob man den Dolmetscher ob sie den
229 Dolmetscher verstehen und ob aber immer im Beisein des Dolmetschers.
230 **Nein, ich bin gerade bei der Nachbesprechung. Ob da der**
231 **Dolmetscher.**
232 Ach so! Entschuldigung.
233 **Kein Problem. Ob da der Dolmetscher nach seinem Eindruck vom**
234 **Patienten gefragt wird oder.**
235 Ach so, der Dolmetscher. Jetzt.
236 **Genau. So rum.**
237 Das hab ich jetzt verkehrt verstanden.

238 **Kein Problem. Aber wir können das andere zu den Problemen dazu**
239 **nehmen. (lacht)**
240 Genau. (lacht) Ja, manchmal, also wenn man schon länger mit einem
241 bestimmten Klienten arbeitet und irgendwie der Therapeut auch
242 manchmal sich denkt irgendwie geht's da nicht weiter kommt's schon
243 vor, dass Dol- also dass der Therapeut dann mal den Dolmetscher fragt,
244 wie ihm das so vorkommt. Aber eher also ich seh das also ich maß mir
245 da auch nichts an, da viel zu sagen, weil ich mir denk das ist doch hier
246 nicht meine Arbeit. Ich mein, meinen Eindruck kann ich schon sagen,
247 aber ja.
248 **Gibt's irgendwas was fehlt in der Nachbesprechung aus der**
249 **Dolmetscherperspektive?**
250 Also ich hab eigentlich das Gefühl, ich kann meistens alles sagen und
251 wenn mal was ist, was ich nicht sagen kann, dann kann ich das in diesem
252 Dolmetschaustauschtreffen besprechen. Also ich find das schon sehr gut
253 von dem her organisiert und das Ar- das Arbeiten ist einfach angenehm
254 hier und ich arbeite wirklich gerne hier, lieber als in einem anderen Job
255 oder so (lacht). Weil weil das einfach weil man einfach da das wo man
256 also in anderen Arbeitsstellen hat man oft das Gefühl, man kann eh
257 nichts anbringen und das ist hier eben schon sehr sehr gut.
258 **Bei den Dolmetschaustauschtreffen kommen dann nur Leute hier**
259 **von der Einrichtung oder auch von den Krankenhäusern und**
260 **Flüchtlings-?**
261 Nein, eben nur aus eben nur die Dolmetscher die bei der Einrichtung
262 [E2] dolmetschen und eben die Leiterin der Einrichtung.
263 **Okay. Wir waren schon bei der Rolle. Wie siehst du die denn? Also**
264 **wenn du nicht gerade dich bewusst zurücknimmst und dich dann**
265 **nur auf die Sprachmittlung konzentrierst?**
266 Also ich muss schon sagen dass es es ist oft schwierig, weil man ja auch
267 also wenn wenn derjenige merkt der Klient man kann die Sprache und
268 sooft ist das jetzt auch nicht der Fall wenn die jetzt (XXX) [hierher]
269 kommen und es kann jetzt zum Beispiel bei Russisch das kann jetzt nicht
270 jeder, und dann hat man schon oft das Gefühl, man würde irgendwie
271 gern mit dem reden, vor allem wenn einem der sympathisch ist oder so
272 aber das ist dann halt doch nicht möglich. Und das find ich schon also
273 das ist irgendwie schon für mich irgendwie manchmal schwierig, weil
274 ich dann einfach weil es auch bestimmte Leute gibt, mit denen ich würde
275 ich gerne mal Kontakt haben aber das geht halt einfach nicht, weil das
276 verboten ist, dürfen wir nicht. Und beim dolmetschen selber eben

277 kommt's manchmal vor, dass man eben ja halt die neutrale Rolle nicht so
278 gut wahren kann.
279 **Unter welchen Auf- Umständen würdest du einen Auftrag ab-**
280 **lehnen?**
281 Wenn ich zum Beispiel für die Person mal irgendwo am Gericht oder so
282 gedolmetscht hab. Sowas. Auch umgekehrt. Also es war eben am
283 Gericht einmal jemand, der schon mal hier in der Einrichtung [E2] war
284 und da hab ich dann auch gesagt nein, weil ich das einfach zu
285 vermischend finde.
286 **Gibt's denn aus deiner Sicht als Dolmetscherin noch irgendwelche**
287 **Anregungen wie man das verbessern könnte, die Zusammenarbeit?**
288 (___) Also ich muss sagen so wie's jetzt hier funktioniert, finde ich ist es
289 sehr gut. Aber eben in anderen Situationen ist es oft so, dass dem
290 Dolmetscher manchmal nicht genug Zeit gelassen wird zum
291 Dolmetschen und der Therapeut einfach weiterredet. Also man kann's
292 natürlich ein bisschen simultan machen, aber also so richtig
293 funktioniert's dann doch nicht. Das würd ich manchmal ein bisschen
294 verbessern, dass das dann einfach noch obwohl das einfach oft vom
295 Therapeuten selbst abhängt, von der Art, von ihm, da kann man noch
296 irgendwie schon öfter was sagen, aber das hilft oft einfach nicht. Und
297 sonst (___) nichts, weiß ich nichts mehr.
298 **Fühltest du dich denn auf deinen ersten Einsatz gut vorbereitet?**
299 **Den allerersten?**
300 Nicht wirklich. Also ich war dann eben ich hab dann eben mit der
301 Kollegin gesprochen, die schon länger da gedolmetscht hat. Die hat
302 gesagt: „Ja wa- was willst du jetzt vorbereiten? Geh doch einfach hin,
303 das geht schon!", und so und ich war da schon ein bisschen also ich bin
304 mir unvorbereitet vorgekommen, weil ich mir gedacht hab, ich weiß
305 überhaupt was ich da was jetzt kommen wird, was ich eben was ich
306 vokabelmäßig kommen wird, was themenmäßig kommen wird, und von
307 dem her hab ich mich eigentlich nicht gut vorbereitet gefühlt. Aber ja, es
308 hat dann einfach also am Anfang war es schon so, dass ich überhaupt
309 jede Stunde irgendwie nervöser war weil weil das einfach so so wirklich
310 alles Mögliche kommen kann.
311 **Hätte man dir das erleichtern können wenn du vorher bestimmte**
312 **Eckpunkte gewusst hättest, bestimmte Informationen erhalten**
313 **hättest?**
314 Ich glaub, das wär schwierig gewesen. Weil es einfach so nein ich glaub
315 es wär eher es irgendwie glaub ich das ist so eine Arbeit, die man einfach

316 öfter machen muss und die mit Erfahrung wo man mit Erfahrung besser
317 wird kommt mir vor.
318 **Hätte es dir denn geholfen mal ne Sitzung anzuschauen, so wie ich**
319 **heute hier?**
320 Ja, das glaube ich hätt mir schon geholfen, ja. Stimmt genau, und sowas
321 war eigentlich also das wurde nie angeboten und glaub ich findet auch
322 nicht statt. Aber das hätte geholfen, ja.
323 **Ja gut, könnte man ja in Form von Rollenspielen oder so simulieren.**
324 Ja.
325 **Okay.**
326 Sowas war dann eben in diesem Seminar, das diese eine Dolmetscherin
327 gehalten hat, da haben wir schon so so Rollenspiele gemacht um eben
328 das zu demonstrieren wie man sich fühlt und so weiter. Also das wurde
329 ein bisschen besprochen, aber so richtig kriegt man's dann erst in der
330 ersten Sitzung mit.
331 **Okay. Gibt's noch irgendwas was du zu dem Komplex hinzufügen**
332 **möchtest?**
333 Ich überleg grad. (___) Nein, eigentlich nicht.
334 **Auch keine Probleme mehr aufgetaucht? (lacht)**
335 (lacht) Ach so, ja. Ja eben vielleicht sowas das das eben wenn de- wenn
336 die Therapeutin einfach redet und redet und redet und man hat das
337 Gefühl, man kommt gar nicht zum Dolmetschen. Oder manche Leute
338 einfach auch, die dann einfach dann so viel erzählen, dass es oft
339 schwierig ist, den irgendwie einzubremsen. Dann können Probleme
340 auftreten. Aber sonst – wenn noch was ist ruf ich dich an, falls mir noch
341 was einfällt. (lacht) Nein, es ist echt jetzt grad irgendwie.
342 **Okay. Ne gut, aber vielen Dank!**

1 **h)   Transkript des Interviews mit P1**
2   15.10.2010 in E1
3   Gesamtlänge der Aufnahme: 21:48 Minuten
4   Interviewpartner: **Köllmann** und P1; Verdolmetschung durch D1
5
6   Transkribiert wurden nur die ursprünglichen Fragen und die
7   verdolmetschten Antworten auf Deutsch, nicht aber die
8   verdolmetschten Fragen und die ursprünglichen Antworten auf
9   Farsi. *Fetter Kursivdruck* bezeichnet Anmerkungen von D1.
10
11 **Das ist Patientengespräch 1 in (XXX) am 15.10.2010. Sie sind**
12 **männlich. Welcher Nationalität sind Sie?**
13 Iranisch.
14 **Wie lange sind Sie schon (XXX) [im deutschsprachigen Teil**
15 **Mitteleuropas]?**
16 Ungefähr 10 Monate.
17 **Was ist Ihre Muttersprache?**
18 Persisch. Farsi.
19 **Sprechen Sie im Alltag Deutsch?**
20 Wenig.
21 **Und wie lange kommen Sie bereits hier her, in diese Einrichtung?**
22 Ungefähr 6 Monate.
23 **Okay. Ich werde Ihnen jetzt ein paar Fragen zu Ihrer**
24 **Zusammenarbeit mit der Dolmetscherin stellen. Das Problem ist,**
25 **dass ich Ihre Sprache nicht spreche. Deshalb brauchen wir ihre**
26 **Hilfe. Wenn Sie irgendeine Frage nicht beantworten möchten, dann**
27 **schütteln Sie einfach den Kopf und wir machen mit der nächsten**
28 **weiter. Einverstanden?**
29 Ja.
30 **Okay. Von wem kam ursprünglich der Vorschlag einen Dolmetscher**
31 **hinzuzuziehen? Von der Einrichtung oder von Ihnen selbst?**
32 Normalerweise wenn jemand hierher kommt und Deutsch nicht sprechen
33 kann, dann von diese Center [E1] wird oft vorgeschlagen, dass ein
34 Dolmetscher zur Verfügung steht.
35 **Gut. Und wer hat den dann ausgewählt? War das dann auch das**
36 **Personal des Zentrums?**
37 Ja.
38 **Durften Sie Wünsche äußern bezüglich des Alters, des Geschlechts**
39 **oder der Nationalität?**
40 Doch, durfte ich.

41 **Darf ich fragen, ob Sie sich etwas gewünscht haben?**
42 Es war so ein Wunsch *und er meint es war* kein Wunsch sondern ein
43 Wollen.
44 **Okay.**
45 *Dass es er mit ein Frau als Dolmetscherin habe als Ma- als ein Mann*
46 weil ich mit den besser sprechen kann. Ich konnte auch mich besser
47 Beziehung aufbauen.
48 **Okay. Wurde Ihnen auch angeboten, dass Sie erstmal schauen, ob**
49 **die Chemie stimmt, ob Sie mit dieser speziellen Dolmetscherin dann**
50 **zusammenarbeiten können und dann eventuell zu wechseln, wenn**
51 **die Chemie nicht stimmt? Wurde Ihnen so etwas angeboten?**
52 Nein, am Anfang als ich hierher kam am Anfa- war am meistens Frau
53 [D1] die für mich übersetzt hat und ich hab selber auch vorgeschlagen,
54 ich fühle mich wohler und es ich bevorzuge dass ich mit dass sie dabei
55 ist als jemand anders.
56 **Okay. Unter welchen Umständen, was wäre für Sie ein Grund**
57 **gewesen zu sagen: Ich möchte mit jemand anderem arbeiten!? Wäre**
58 **das eine Frage der der persönlichen Beziehung gewesen oder der**
59 **Sprache oder der ethnischen Gruppe?**
60 *Danach oder davor?*
61 **Danach, wenn man mit jemandem zusammenarbeitet. Wenn die**
62 **Chemie nicht so gut gestimmt hätte wie mit Ihnen, was dann ein**
63 **Grund gewesen wäre.**
64 Natürlich, hätte ich das Gefühl gehabt, nat- die Gefühl hab ich nie gehabt
65 *und ich weiß nicht, ob es richtig ist, dass ich so jetzt für ihn übersetze*
66 hätte ich das Gefühl gehabt dass die Dolmetscherin mei- was ich denn da
67 sage nicht auch so ungefähr zurückbringt an den Therapeut und so, dann
68 hätte ich auch eine Grund gehabt um sagen, dass ich mit dem nicht
69 klarkomme oder Probleme habe.
70 **Okay. Und haben Sie vorher schon mal mit Dolmetschern**
71 **zusammengearbeitet, hatten Sie vorher schon mit Dolmetschern zu**
72 **tun?**
73 Nein, vor [D1] da war ich hatte ich noch zwei andere Dolmetscherinnen
74 *er hat ge- die Namen genannt,* (XXX) *und* (XXX). Und in Sozialamt
75 am meistens die Termine mit Dolmetscher stattfinden. Auch dort,
76 Sozialamt. Aber wenn hier ein Dolmetscher mit dabei ist, natürlich da
77 muss man auch die Sicherheit haben, dass die an die Sicherheit
78 sozusagen *wie nennt man das, dass man nicht wo anders weiterge-*
79 *weitersagt.*
80 **Dass die da- dass er verschwiegen ist.**

81 **Genau** dass es verschwiegen ist und dass man auch seine psychisch-
82 seelische Probleme auch darstellt und dass man auch gute Gefühl dabei
83 hat. Natürlich es ist mir wichtig. Ich weiß auch kenne die Unterschiede.
84 Die Dolmetschern bei Sozialamt dabei sind es geht eigentlich um
85 Sachverhalt und um den Rechnung und dies und jenes, aber die
86 Dolmetscherin die uns hier begleiten dann geht's um psychische
87 Probleme und eine Geschichte des Lebenslaufes und deswegen muss es
88 diese Schweigepflicht auch diese Gefühl dass ich diese Gefühl habe,
89 dass ich hier spreche aus diesen Wände von hier nicht rausgeht und diese
90 Sicherheit habe von Schweigepflicht, und was es jetzt vorhanden ist.
91 **Und dann wurde Ihnen auch vor Beginn der Zusammenarbeit hier**
92 **gesagt, dass alle Dolmetscher zur Verschwiegenheit verpflichtet sind,**
93 **ja?**
94 Ja.
95 **Und was wurde Ihnen sonst zur Au- zum Aufgabenspektrum der**
96 **Dolmetscher hier vorher erzählt? Wie wurde Ihnen die Aufgabe des**
97 **Dolmetschers von den Angestellten des Zentrums beschrieben?**
98 Nur dass hier dass die Dolmetscher sind Schweigen verpflichtet und die
99 dürfen ihre was sie hier hören nicht woanders gebracht werden und dass
100 die hier sozusagen die Dolmetscher sind die *wir* geeidigt sind, dass die
101 auch nicht alles hier auch Eid auf diese Schweigepflicht sozusagen.
102 **Okay.**
103 Und dadurch dass auf die auf die Ausuche der männliche oder weibliche
104 Dolmetscher ich hab bevorzugt eine weibliche Dolmetscher, weil am
105 meistens diejenigen die uns gefoltert haben da waren männliche. Und da
106 natürlich von Psyche ist es auch eben noch da was geblieben, deswegen
107 dadurch die Frauen auch mich nicht irgendwas mich was angetan haben
108 dann hab ich bevorzugt auch eine Frau als Dolmetscher zu haben. Die
109 sind nicht so wütend, die sind auch *die sind weich kann man nicht*
110 *sagen, was wie sagt man das. Die sind gefühls-*
111 **betont?**
112 *betont! Sehr gut! (lacht)*
113 **Gibt es außer der Schweigepflicht noch Dinge, die Sie gerne vorher**
114 **gewusst hätten? Zum Beispiel wie der Dolmetscher ausgebildet**
115 **worden ist oder woher er seine Sprachkenntnisse hat? Hätten Sie**
116 **noch solche Informationen gerne vorher gehabt?**
117 Nein, es war für mich nicht wichtig. Nur mir war wichtig, dass meine
118 was ich dann hier sage weitergegeben wird.
119 **Kannten Sie Ihre Dolmetscherin, bevor die Therapie hier**
120 **angefangen hat?**

121 Nein.
122 **Haben Sie außerhalb der Therapie Kontakt zur Dolmetscherin?**
123 **Oder –**
124 Nein.
125 **Sprechen Sie anders, wenn Sie erzählen, weil Sie wissen, dass**
126 **gedolmetscht wird? Also: Sprechen Sie langsamer, verwenden Sie**
127 **andere Ausdrücke, machen Sie mehr Pausen?**
128 Ich versuche, dass alles auf Persisch weitergebe. Ich versuche die Sätze
129 so aufbauen, dass es auch besser für den Dolmetscher übersetzbar ist und
130 ich ve- versuche meine eigene Dialekt auch nicht da reinbringen in diese
131 Sprache was ich spreche. Und soweit auch meine Aussagen sprechen,
132 dass der das Gefühl habe, dass der Dolmetscher genauso weit kann
133 weitergeben und nicht mehr oder weniger.
134 **Irritiert es Sie wenn die Dolmetscherin dolmetscht aus der**
135 **Perspektive des Therapeuten? Also wenn sie die Ich-Form**
136 **verwendet?**
137 Ich hab Sie Ihre Frage nicht verstanden.
138 **Die Dolmetscherin sagt – auf Farsi auch nehme ich an – : Ich möchte**
139 **gerne, dass Sie sprechen über und so weiter. Sie verwendet die erste**
140 **Person aber sie überträgt die Aussagen des Therapeuten.**
141 Nein, sobald sie es wenn ich die Frage verstehe und sage dann ist es ich
142 weiß, es dass es seine Aussage ist oder sei- dass ist das, was er gesagt
143 hat.
144 **Wenn Sie ein Therapiegespräch haben, blicken Sie dann mehr zum**
145 **Therapeuten oder mehr zur Dolmetscherin?**
146 Eher der Therapeut.
147 **Und haben Sie – die Frage ist ein bisschen persönlich – eine engere**
148 **Bindung zum Therapeuten oder zur Dolmetscherin? Und hat sich**
149 **das im Lauf der Therapie geändert?**
150 Natürlich am Anfang ich war verzweifelt, ob ich alles was in mir, alles in
151 mein Herzen, auf mein Herzen war, da aussprechen. Aber peu à peu
152 dann hab ich diese Vertrauen gewonnen und irgendwann mal hab ich
153 mitgekriegt, dass die ist es für mich da, diese Dolmetscher, und es ist
154 sicher und hält sich auch an diese Schweigepflicht, deswegen konnte ich
155 besser mich ausdrücken.
156 **Okay. Sind denn in Zusammenarbeit mit Dolmetschern schon mal**
157 **Probleme aufgetreten? Und falls ja, möchten Sie was dazu sagen?**
158 Nein.
159 **Okay, dann habe ich noch ein paar abschließende Fragen. Sie**
160 **arbeiten ja jetzt hier in einer verdolmetschten Therapie. Sehen Sie**

161 da irgendwelche Schwierigkeiten, die es generell geben kann? Nicht
162 nur speziell hier in Ihrer Konstellation, sondern allgemein?
163 Nein ich hab am meistens auch es gibt keine Pro- es hat sich keine
164 Probleme gegeben. Nur mit da, wo es sehr viel Licht ist, da fühle ich
165 mich nicht wohl. Hier in dem Raum nebenan hat man darauf Rücksicht
166 genommen *hier hatte ich glaube [T1] auf einmal das Licht*
167 *angeschaltet.* Dieses Gerät und diese Licht zu viel Licht dann man ich
168 erinnere mich an den Anhörung damals.
169 **Wir hätten das Licht ausgemacht, wenn ich das vorher gewusst**
170 **hätte.**
171 Ich glaube da wird für die anderen da sind auch Menschen mit Folter,
172 dann soll man auch darauf Rücksicht nehmen.
173 **Ja. (___) Welche Chancen sehen Sie generell dadurch, dass eine**
174 **Dolmetscherin dabei ist, dass es nicht nur der Therapeut und Sie**
175 **sind? Unabhängig von der Sprache?**
176 *Ich soll's nochmal übers- nochmal erklären. Welche Chance?*
177 **Gibt es positive Aspekte dadurch, dass eine Dolmetscherin dabei ist.**
178 **Zum Beispiel für die kulturelle Vermittlung oder so. Gibt es da**
179 **abgesehen davon, dass die sprachliche Kommunikation leichter**
180 **wird, noch andere positive Aspekte?**
181 Es ist manchmal so, dass ich bei irgend- wenn ich Persisch spreche auf
182 ein Wort stecken bleibe und dadurch, dass der nur Dolmetscher weiß
183 auch um welches Wort geht oder so sprachlich, dann ist er hilft mir
184 weiter zu kommen und über meine Sachen weiter zu sprechen.
185 **Gibt es neben dem, was wir bereits angesprochen haben, noch**
186 **irgendwas, was Ihnen in dem Kontext wichtig erscheint zu sagen**
187 **oder haben wir aus Ihrer Warte zu dem Thema alles gesagt?**
188 Nein, mir fällt nichts ein.
189 **Gut, dann bedanke ich mich ganz herzlich!**

1 **i)   Transkript des Interviews mit P2**
2   20.10.2010 in E2
3   Gesamtlänge der Aufnahme: 25:10 Minuten
4   Interviewpartner: **Köllmann** und P2; Verdolmetschung durch D2
5
6   Transkribiert wurden nur die ursprünglichen Fragen und die
7   verdolmetschten Antworten auf Deutsch, nicht aber die
8   verdolmetschten Fragen und ursprünglichen Antworten auf
9   Russisch.
10
11 **Patienteninterview 2 am 20.10. in (XXX). Ich möchte gerne mit ein**
12 **paar Fragen zu Ihrer Person beginnen. Sie sind Russin?**
13 Nein. Ich bin aus Aserbaidschan.
14 **Okay. Und wie lange sind Sie schon (XXX) [im deutschsprachigen**
15 **Teil Mitteleuropas)? Ein Jahr hatten Sie glaube ich [vor dem**
16 **Interview] gesagt?**
17 Ein Jahr in (XXX) bin ich, seit im nächsten Monat wird es ein Jahr sein.
18 **Und Ihre Muttersprache ist Russisch oder [Unterbrechung durch**
19 **die Dolmetscherin]?**
20 Meine Muttersprache ist Aserbaidschan.
21 **Sprechen Sie im Alltag Deutsch?**
22 Wenig. (lacht)
23 **Und wie lange kommen Sie bereits hierher?**
24 Ich glaube eben seit Januar, nein, seit Ende Dezember komme ich
25 hierher, so ungefähr 10 Monate also.
26 **Ich möchte Ihnen dann gerne ein paar Fragen stellen zur Arbeit mit**
27 **der Dolmetscherin. Das ist ein bisschen schwierig, weil mein**
28 **Russisch leider nicht reicht, damit wir das auf Russisch klären**
29 **können. Wenn Sie irgendwas nicht beantworten möchten, weil es**
30 **Ihnen unangenehm ist, dann schütteln Sie einfach den Kopf oder**
31 **sagen njet und wir machen mit was anderem weiter, einverstanden?**
32 Okay.
33 **Okay. Von wem kam denn, als Sie hier ankamen, der Vorschlag,**
34 **dass ein Dolmetscher hinzugezogen wird? Wussten Sie, dass es**
35 **dieses Angebot gibt? War das hier ein Mit-Angebot zur Therapie**
36 **oder wie ist das gelaufen?**
37 Ich weiß nicht. Ich habe die Frage nicht ganz verstanden.
38 **Als Sie angefangen haben, hier eine Therapie zu machen: Hat da die**
39 **Einrichtung angeboten, dass ein Dolmetscher hinzugezogen wird,**

40 **oder haben Sie gesagt, Sie bräuchten einen Dolmetscher? Wer hat**
41 **gesagt, dass mit Dolmetscher gearbeitet wird?**
42 Nein, das ist die Organisation [E2] die eben das allen mit Dolmetschern
43 anbietet.
44 **Okay. Hat diese Organisation dann auch die Dolmetscherin**
45 **ausgewählt?**
46 Ja, sie haben eben die Dolmetscherin ausge- also das war nicht meine
47 Entscheidung, das haben sie so angeboten.
48 **Durften Sie denn Wünsche äußern, bezüglich des Geschlechts oder**
49 **der Nationalität oder des Alters?**
50 Nein, also ich habe dann ich habe da nichts gesagt, und es hat mir dann
51 auch gepasst und deswegen woll- habe ich dann auch keine Angaben zu
52 es ist mir egal, wie alt der dann ist oder woher er kommt. Sie übersetzt
53 gut und ich mag sie, das reicht.
54 **Wäre es für Sie anders gewesen wenn es ein Mann gewesen wäre,**
55 **oder wäre das vielleicht auch in Ordnung gewesen als Dolmetscher?**
56 Ich glaube, es hätte keinen Unterschied gemacht.
57 **Okay. Wurde Ihnen auch angeboten, dass Sie erstmal mit der**
58 **Dolmetscherin zusammenarbeiten und wenn es irgendwelche**
59 **Probleme gibt mit einer anderen zusammenzuarbeiten? Dass Ihnen**
60 **angeboten wurde, Sie könnten wechseln, wenn es Probleme geben**
61 **sollte?**
62 Ich glaube dieses Angebot hat es nicht gegeben, aber eben sie haben
63 dann sie ge-sie sozusagen genommen und es hat funktioniert und wir
64 arbeiten viele Monate zusammen. Ich glaube, dass ich dass wenn es
65 irgendwelche Probleme gegeben hätte mit der Dolmetscherin, dann
66 glaube ich, dass ich der Organisation [E2] das sagen hätte können und
67 dass die mir einen anderen Dolmetscher angeboten hätten. Aber ich war
68 eben eigentlich zufrieden von Anfang an, sie dolmetscht gut und es ist
69 auch so: Also ich fühle mich wohl in ihrer Gegenwart und ich schäme
70 mich nicht mich zu öffnen, weil es gibt ja auch Menschen, denen man
71 nicht alles sagen möchte. Also eigentlich hat es keine Probleme gegeben
72 und deswegen sind wir jetzt schon 10 Monate hier so zusammen.
73 **Okay. Wie wurden Sie denn auf die Zusammenarbeit mit der**
74 **Dolmetscherin vorbereitet? Hat man Ihnen vorher was erzählt wie**
75 **sie arbeitet oder wurde Ihnen erklärt, dass sie zur Schweigepflicht**
76 **also zum Schweigen verpflichtet ist? Wurde Ihnen da irgendwas**
77 **gesagt oder wurde einfach nur mit der Therapie begonnen und das**
78 **hat sich alles im Laufe der Zeit ergeben?**

79 Ja es war so, dass ich habe das ungefähr schon gewusst, ich habe eben
80 auch selbst eine Hochschulausbildung und deswegen hab ich mich da ein
81 bisschen informiert und ich wusste, dass eben Dolmetscher da zur
82 Schweigepflicht dass sie Schweigepflicht haben und aber ich glaube, es
83 wurde nicht ausdrücklich am Anfang etwas erklärt beziehungsweise
84 kann ich nicht mich nicht mehr erinnern, wie das war.
85 **Gibt es denn irgendwas, was Sie vorher gerne gewusst hätten?**
86 **Irgendeine Information, die Sie die es Ihnen leichter gemacht hätte,**
87 **die Zusammenarbeit?**
88 Ich weiß es nicht, eigentlich nicht. Also das was sie übersetzt, das
89 verstehe ich, was wenn ich sage hab ich das Gefühl, dass alles übersetzt
90 wird. Sie redet richtig, ich weiß es nicht.
91 **Und haben Sie vorher schon mit Dolmetschern irgendwo zu tun**
92 **gehabt?**
93 Also nur halt hier, bei diesem Interview beim am Gerichtshof und auch
94 bei der Erstaufnahme, dort waren eben auch so Interviews, aber sonst in
95 meiner Heimat eigentlich nie.
96 **Kannten Sie die Dolmetscherin vor Therapiebeginn bereits?**
97 Also es war nur so, dass ich beim Erstgespräch das ich bei [E2] hatte war
98 eben auch sie die Dolmetscherin, da hab ich sie kennengelernt. Dann bin
99 ich eben zu [T2] gekommen und hier war dann eben auch diese
100 Dolmetscherin [D2].
101 **Haben Sie außerhalb der Therapie Kontakt?**
102 Nein.
103 **Wenn Sie erzählen, sprechen Sie dann anders, weil Sie wissen, dass**
104 **die Dolmetscherin es übertragen muss? Also sprechen Sie**
105 **langsamer, achten Sie darauf, was für Redewendungen Sie**
106 **verwenden, machen Sie bewusstere Pausen?**
107 Nein. So wie ich normal spreche, so spreche ich auch hier. Sie übersetzt
108 schnell und schreibt schnell mit, also nein. Ich glaube das wäre
109 belastend, wenn man sich auf den einstellen müsste. Das wäre eine
110 psychische Belastung. Ich denke da gar nicht drüber nach. Also ich bin
111 eigentlich eher mit [T2] und sie macht halt ihre Sache, so ungefähr.
112 **Dann also irritiert es Sie, wenn sie in der Ich-Form spricht?**
113 Nein, ich weiß, dass sie in meinem Namen spricht.
114 **Blicken Sie dann im Gespräch mehr zur Therapeutin oder mehr zur**
115 **Dolmetscherin oder wechseln Sie ab?**
116 Also am Anfang war es so also es ist abwechselnd. Am Anfang war es
117 so, dass ich mehr zur Dolmetscherin geschaut habe als ich die Sprache
118 noch gar nicht kan- gekonnte habe. Aber jetzt schaue ich mehr auf [T2],

119 weil ich einfach schaue. Weil ich die Sprache lernen möchte und weil ich
120 einfach auf sie schaue, wie sie gewissen Wörter ausspricht oder ich
121 vergleiche dann auch die Übersetzung und das was gesagt wurde und
122 eben dann lerne ich so ein bisschen.
123 **Okay. Haben Sie eine engere Beziehung zur Therapeutin oder zur**
124 **Dolmetscherin? Und hat sich das, diese Beziehung, irgendwie**
125 **verändert im Laufe der 10 Monate, die Sie jetzt schon hierher**
126 **kommen?**
127 Ich habe natürlich mehr Vertrauen zum Psycholo- zur Psychologin, aber
128 eigentlich ist das ungefähr gleich. Also ich glaube, wenn die Atmosphäre
129 anders wäre, also wenn das hier nicht so ein Setting wäre, sondern etwas
130 anderes, dann wäre es vielleicht so, dass ich mehr mit ihr sprechen
131 würde, mehr Kontakt hätte. Aber so ist das natürlich so, dass ich hier bin
132 in Therapie und sie macht ihre Arbeit.
133 **Die Dolmetscherin oder die Therapeutin?**
134 Nein, die Therapeutin.
135 **Gab's schon mal Probleme im Zusammenar- Zusammenhang mit**
136 **der Arbeit mit Dolmetschern überhaupt?**
137 Also es war eigentlich ein Problem gab es eben bei dieser bei diesem in
138 diesem Erstaufnahme-Zentrum bei dem übersetzen. Und zwar wurde da
139 eben gedolmetscht also im Russischen ist es so: Wenn ein Mann Mensch
140 gestorben ist, dann kann man sagen: Er ist gestorben, er ist
141 umgekommen oder er wurde umgebracht. Und so wie ich das verstanden
142 habe, gibt es im Deutschen anscheinend nur gestorben und es wurde
143 eben damals falsch übersetzt und deswegen mein Mann ist eben
144 umgebracht worden und deswegen gab es die ganze Zeit ein
145 Missverständnis, auch dann später im Interview und auch in meinem
146 negativen Bescheid. Also es dieses Missverständnis wurde dann einfach
147 so weitergeführt.
148 **Hat sich das inzwischen gelöst? Also da kam ja dann wohl jemand**
149 **drauf?!**
150 Nein, eben dieses Interview das war ja ist uns nur auf Deutsch vorgelegt
151 worden und ich habe das damals auch von niemandem übersetzen lassen.
152 Und es war erst jetzt, als eine andere Dolmetscherin eben die drei
153 Interviews verglichen hat, hat sie gesagt: „Ja, am Anfang hast du es so
154 gesagt und jetzt sagst du es anders!" Und dann hab ich gesagt „Das ist
155 ein Problem eben vom Dolm- von der Dolmetscherin gewesen, weil die
156 das falsch übersetzt hat!".
157 **Spielt die Dolmetscherin denn auch eine Rolle für die kulturelle**
158 **Vermittlung?**

159 Ja, ich glaube schon.
160 **Inwiefern?**
161 Also ich glaube einfach, dass wenn zum Beispiel der Dolmetscher selbst
162 aus Aserbaidschan wäre, dann wenn er einfach wüsste, was es da für
163 eine Kultur ist, wenn er meine Sprache könnte, wenn er wüsste, wie ich
164 dort gelebt habe, einfach dort die Umstände kennt, dann würde er das
165 irgendwie vielleicht anders dolmetschen. Und ich weiß schon, dass
166 eigentlich ein Dolmetscher nur dazu da ist, um die Informationen zu
167 übertragen und zu übersetzen. Aber ich glaube einfach, es würde einen
168 Unterschied machen, auch wenn dieser Mensch mir näher stehen würde.
169 Das ist einfach meine persönliche Meinung.
170 **Ist es für Sie schwierig, dass das Ganze über das Russische läuft und**
171 **nicht in Ihrer Muttersprache stattfindet?**
172 Nein. Ich war eben Russischlehrerin und die ganze Schulbildung hat auf
173 Russisch stattgefunden und auf der Universität war alles auf Russisch.
174 Also für mich ist es sogar leichter auf Russisch. Das ist einfacher für
175 mich.
176 **Abschließend noch ein paar Fragen allgemeinerer Natur. Wenn Sie**
177 **sich die Therapie mit Dolmetscher allgemein anschauen, welche**
178 **Schwierigkeiten sehen Sie da generell? Was könnten da für**
179 **Probleme auftreten, selbst wenn das jetzt bei Ihnen nicht der Fall**
180 **ist?**
181 Also es ist einfach so: Es wäre besser, wenn man nur mit eine Person
182 also wenn man direkt mit der Person sprechen könnte. Weil so passiert
183 es eben oft, dass man den Faden verliert ein bisschen im Gespräch, weil
184 man der Dolmetscherin Zeit zum Übersetzen lassen muss und es wäre
185 wenn man nur mit dem Arzt oder der Ärztin sprechen würde, dann wäre
186 das einfach direkter. Und so muss man sich ein bisschen einstellen, dass
187 ein Dolmetscher dabei ist.
188 **Sehen Sie denn auch Chancen darin, dass das Ganze nicht zu zweit,**
189 **sondern zu dritt stattfindet?**
190 In welchem Sinn meinen Sie das jetzt? Ich hab es nicht ganz verstanden.
191 **Na, es können ja Schwierigkeiten auftreten, weil man zu dritt ist und**
192 **nicht zu zweit. Aber vielleicht gibt es ja auch bestimmte Chancen**
193 **oder Möglichkeiten die es gibt, weil jemand dabei ist, der zum**
194 **Beispiel Ihre Kultur kennt oder sich in Ihrer Sprache besonders gut**
195 **auskennt oder ähnliche Erfahrungen gemacht hat wie Sie. Gibt es da**
196 **Chancen oder gute gute Seiten?**
197 Also ich glaube, es wäre natürlich besser, wenn man die Sprache selbst
198 könnte und einfach selbst mit dem Therapeuten sprechen könnte. Aber

199 so, da es jetzt so ist, dass ich das nicht kann, ist es in Ordnung so, weil
200 ich weiß dass alles also ich muss nichts verbergen und ich weiß das
201 unterliegt der Schweigepflicht. Also für mich ist es zum Beispiel ein
202 Problem, wenn ich zum Psychiater gehen muss mit irgendeiner
203 Dolmetscherin, weil da muss ich dieser Dolmetscherin alle meine
204 Probleme erzählen und das ist dann einfach etwas was mich stört, was
205 ich nicht möchte.
206 **Gibt es denn irgendwas, was aus Ihrer Warte die Dreiecksbeziehung**
207 **noch verbessern könnte, die Zusammenarbeit?**
208 Nein, eigentlich nicht, weil eben wie ich gesagt habe: Sie versteht es,
209 was gesagt wird und sie übersetzt genau das, was ich sage und nein,
210 sonst eigentlich auch weiter nichts.
211 **Gibt es sonst noch irgendwas in dem Kontext, über den wir**
212 **gesprochen haben, was Sie noch hinzufügen möchten?**
213 Wegen der Fragen jetzt oder?
214 **Na überhaupt, wenn Sie zu dem ganzen Thema noch was sagen**
215 **möchten, was ich jetzt vielleicht nicht gefragt habe.**
216 Ich denke mir nur also ich glaube, wenn jetzt hier eine Dolmetscherin
217 aus Aserbaidschan sitzen würde, dass die dann vielleicht mehr wüsste
218 über die Kultur und mehr über das politische System und mehr einfach
219 Informationen hätte in dieser Richtung, aber eben so ist es so, dass ich
220 auf Russisch bin gezwungen zu sprechen und sie auf Russisch spricht,
221 aber es ist ihre Arbeit.
222 **Gut, dann bedanke ich mich ganz herzlich.**

Danksagungen

Ohne die folgenden Personen wäre diese Untersuchung in der vorliegenden Form nicht möglich gewesen:

- meine sechs Interviewpartner sowie die Mitarbeiter der dazugehörigen Behandlungseinrichtungen, die ich hier leider alle aus offensichtlichen Gründen nicht namentlich nennen kann;

- Univ.-Prof. Dr. Dörte Andres von der Johannes Gutenberg-Universität Mainz / FTSK Germersheim und ihre fachliche, finanzielle und moralische Unterstützung;

- meine gute Freundin Anne Pawlowski, die nicht nur zu dieser Arbeit einen wichtigen Beitrag als Korrekturleserin geleistet hat;

- meine Familie, die immer hinter mir steht und mich jederzeit nach Kräften unterstützt.

Ihnen allen gebührt mein herzlicher Dank!

Anke Köllmann
Tutzing, im Sommer 2011

Weitere Titel der InterPartes-Reihe:

Dolmetschen am Ruanda-Tribunal
(InterPartes 7)
Von Nicole Haas
2011, 146 Seiten, Paperback, ca. Euro 22,90/CHF 42,50, ISBN 978-3-89975-264-9

Im Fokus dieses Buches steht die Arbeit der Dolmetscher am Internationalen Strafgerichtshof für Ruanda (ICTR). Als wichtigste Quellen dienen dabei die Protokolle der Gerichtsverhandlungen sowie Auskünfte von Dolmetschern selbst. Die Analyse dieser Informationen ergibt eine Vielzahl problematischer Aspekte, die eine überaus negative Auswirkung auf die Verhandlungen haben. Dies betrifft z. B. die Qualifikation der Dolmetscher, ihre psychische Belastung, die Zusammenarbeit mit Juristen sowie sprachliche und kulturelle Missverständnisse. Darüber hinaus ist die technische Ausstattung des Gerichts bei Weitem nicht optimal. Erschwerend kommt hinzu, dass die Einstellung der Zeugen gegenüber den Dolmetschern häufig von großem Misstrauen geprägt ist.

Besonders für ein Gericht, das so schwerwiegende Anklagen wie Völkermord und die Verletzung von Menschenrechten behandelt, sind die herausgearbeiteten Schwierigkeiten nicht hinnehmbar. Ziel dieser Arbeit ist es deshalb, einen Beitrag zur Sensibilisierung für die Problematik des Dolmetschens am ICTR und damit zu Gerechtigkeit und Fairness von Gerichtsverfahren zu leisten.

Interpretes Mundi – Deuter der Welt
(InterPartes 6)
Hg. von Dörte Andres/Martina Behr
2011, 296 Seiten, Paperback, Euro 44,90/CHF 78,00, ISBN 978-3-89975-248-9

Die verschiedenen Bereiche, in denen Dolmetscher zum Einsatz kommen, und die Bedingungen, unter denen sie ihre Tätigkeit ausüben, sind in den letzten Jahrzehnten immer vielfältiger und anspruchsvoller geworden. In elf Beiträgen wird dieser Entwicklung anhand verschiedener Fragestellungen nachgegangen: die Wahrnehmungen und Rolle des Sprachmittlers in der Vergangenheit und heute, die Ansprüche an den Dolmetscher bei internationalen und nationalen Gerichten, die emotionale Belastung beim Dolmetschen in der Psychotherapie sowie in Kriegs- und Krisengebieten, der Einfluss neuer Sprachtechnologien und Software-Entwicklungen auf die Dolmetschtätigkeit, die Bedeutung von Expertise und Qualitätssicherung für die Professionalisierung dieses Berufes.

Ihr Wissenschaftsverlag. Kompetent und unabhängig.

Martin Meidenbauer »

Verlagsbuchhandlung GmbH & Co. KG
Schwanthalerstr. 81 • 80336 München
Tel. (089) 20 23 86 -03 • Fax -04
info@m-verlag.net • www.m-verlag.net

Spürst Du, wie der Bauch rauf-runter?
Fachdolmetschen im Gesundheitsbereich
Is everything all topsy turvy in your tummy? Health Care Interpreting
(InterPartes 5)
Hg. von Dörte Andres/Sonja Pöllabauer
2009, 195 Seiten, Paperback, Euro 29,90/CHF 53,50, ISBN 978-3-89975-166-6

Dieser im Rahmen des Projekts MedInt (Grundtvig) entstandene Sammelband
befasst sich mit verschiedensten Aspekten des Fachdolmetschens im medizinischen Bereich, zeigt die Notwendigkeit einer Professionalisierung auf und ist
somit ein Schritt in Richtung eines erhöhten Bewusstseins für die Ausbildung
und den Einsatz von MedizindolmetscherInnen.

*„[...] sehr lesenswertes Buch [...]. Und wenn die beiden Herausgeberinnen in
ihrem Vorwort schreiben, auf die ‚unterschiedlichsten Facetten der gedolmetschten Kommunikation in medizinischen Settings' eingehen zu wollen, versprechen sie damit nicht zu viel."* (MDÜ)

Dolmetscher als literarische Figuren
Von Identitätsverlust, Dilettantismus und Verrat
(InterPartes 4)
Von Dörte Andres
2008, 536 Seiten, Paperback, Euro 68,00/CHF 118,00, ISBN 978-3-89975-117-8

In den letzten Jahrzehnten spielt die Figur des Dolmetschers in literarischen
Werken vermehrt eine Hauptrolle. An ihr werden aktuelle Themen wie die Suche nach Identität, Fremd- und Anderssein, Migration und kulturelle Hybridität
anschaulich dargestellt.

Ausgewählte Werke von zwölf Schriftstellern, unter denen sich so bekannte
Autoren wie Ivo Andric, Ingeborg Bachmann oder Javier Marías finden, werden
von der Autorin einer eingehenden Analyse unterzogen.

Den literarischen Darstellungen werden kultur-, sprach- und translationswissenschaftliche Erkenntnisse gegenübergestellt.

"Dolmetscher als literarische Figuren *is a volume impressive in its scope, focus
and potential practical impact.*" (The Year's Work in Modern Languages Studies)

*"Dörte Andres' well-researched and well-written description of how interpreters have been represented over time, from as far back as ancient Egypt down to
the present, as well as an in-depth analysis of twelve modern works of fiction,
places their role, position and character in an unenviable light."* (Interpreting)

Ihr Wissenschaftsverlag. Kompetent und unabhängig.

Martin Meidenbauer »

Verlagsbuchhandlung GmbH & Co. KG
Schwanthalerstr. 81 • 80336 München
Tel. (089) 20 23 86 -03 • Fax -04
info@m-verlag.net • www.m-verlag.net

Der Simultandolmetschprozess
Eine empirische Untersuchung
(InterPartes 3)
Von Marion Wörrlein
2007, 148 Seiten, Paperback, Euro 22,90/CHF 42,00, ISBN 978-3-89975-101-7

Simultandolmetschen ist ein komplexer kognitiver Vorgang, in dessen Verlauf zahlreiche Prozesse gleichzeitig bewältigt und koordiniert werden müssen. Dies erfordert vom Dolmetscher den gezielten Einsatz simultanspezifischer Strategien, die mit entscheidend für die Qualität der gesamten Dolmetschleistung sind.

Neben der Erläuterung des Simultandolmetschprozesses anhand des Modells von Barbara Moser-Mercer liegt das Hauptaugenmerk dieser Arbeit auf den verstehensstützenden Strategien Antizipation, Inferenzieren, Segmentierung und Wissensaktivierung.

Die Nürnberger Prozesse
Zur Bedeutung der Dolmetscher für die Prozesse
und der Prozesse für die Dolmetscher
(InterPartes 2)
Von Martina Behr und Maike Corpataux
2006, 94 Seiten, Paperback, Euro 19,90/CHF 34,60, ISBN 978-3-89975-078-2

Wie sah die Arbeit der Dolmetscher bei den Nürnberger Prozessen aus? Wie empfanden sie die Konfrontation mit den größten Nazi-Verbrechern und den von diesen begangenen Grausamkeiten? Inwieweit beeinflusste die Tätigkeit in Nürnberg den späteren Lebensweg der Dolmetscher? Auf diese und weitere Fragen gibt diese Arbeit detaillierte Antworten.

"[...] a valuable work whose brevity does not detract from its precision. It sheds light on a variety of aspects, some purely technical, others legal, historical or human, while upholding rigorous scientific standards. It provides a range of references, enabling any newcomer to this domain to research it further."
(Interpreting)

Community Interpreting in Deutschland
Gegenwärtige Situation und Perspektiven für die Zukunft
(InterPartes 1)
Von Ashley Marc Slapp
2004, 136 Seiten, Paperback, Euro 29,90/CHF 51,00, ISBN 978-3-89975-496-4

„In erster Linie ist dieses Buch als eine sehr nützliche Lektüre für diejenigen zu empfehlen, die gerne als Dolmetscher im medizinischen Bereich tätig werden wollen. [ ] Darüber hinaus ist dieses Werk jedoch auch für Ärzte, Krankenschwestern und Mitarbeiter diverser Behörden, die auf eine gute Zusammenarbeit mit Dolmetschern angewiesen sind, empfehlenswert, und zwar überall dort, wo die Vielsprachigkeit in der täglichen Arbeit Fuß gefasst hat und wo man mit der Landessprache allein nicht mehr auskommt." (MDÜ)